AF189537

Impressum
Verlag: BABADADA GmbH, Nedderfeld 112 , 22529 Hamburg
Geschäftsführer / Verlagsleitung: Harald Hof
Druck: Books on Demand GmbH, In de Tarpen 42, 22848 Norderstedt

Imprint
Publisher: BABADADA GmbH, Nedderfeld 112 , 22529 Hamburg, Germany
Managing Director / Publishing direction: Harald Hof
Print: Books on Demand GmbH, In de Tarpen 42, 22848 Norderstedt, Germany

школа
المدرسة

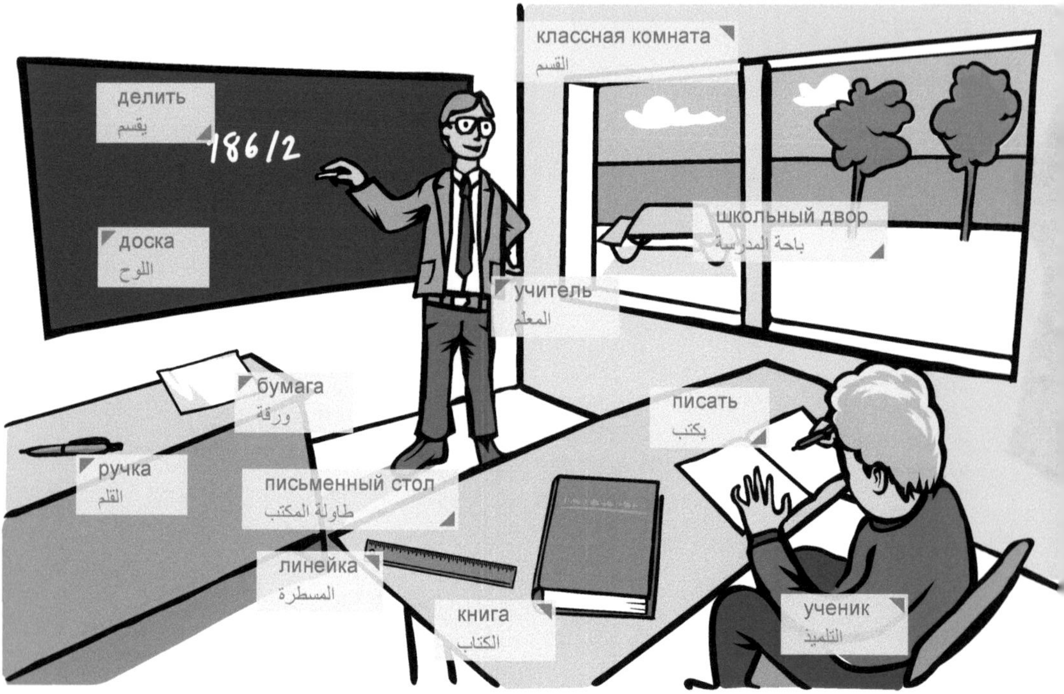

классная комната
القسم
делить
يقسم
186/2
доска
اللوح
учитель
المعلّم
школьный двор
باحة المدرسة
бумага
ورقة
писать
يكتب
ручка
القلم
письменный стол
طاولة المكتب
линейка
المسطرة
книга
الكتاب
ученик
التلميذ

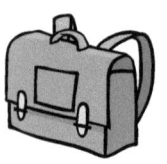

ранец
الحقيبة المدرسية

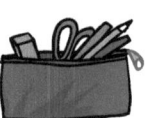

пенал
المقلمة

карандаш
قلم الرصاص

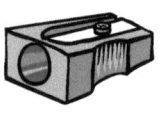

точилка
البرّاية

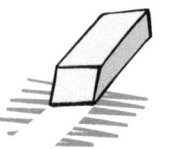

ластик
المِمحاة

альбом для рисования
دفتر الرسم

рисунок

الرسمة

кисточка

الفرشاة

коробка красок

علبة التلوين

ножницы

المقص

клей

المادة اللاصقة

тетрадь

دفتر التمارين

домашняя работа

الواجب المدرسي

цифра

الرقم

прибавлять

يجمع

вычитать

يطرح

умножать

يضرب

счиِتать

يحسب

буква

الحرف

алфавит

الأبجدية

слово

كلمة

текст

النص

читать

يقرأ

мел

الطبشور

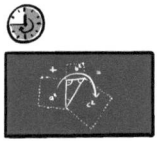

урок

الحصة

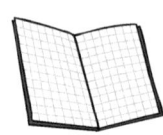

классный журнал

دفتر الدوام المدرسي

экзамен

الامتحان

диплом

شهادة

школьная форма

اللباس المدرسي

образование

التعليم

энциклопедия

الموسوعة

университет

الجامعة

микроскоп

المجهر

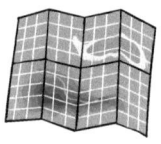

карта

الخريطة

корзина для бумаг

قماما

путешествие

سفر

гостиница
فندق
Grand
турбаза
بيت الشباب
ROOMS
€CHANGE
пункт обмена валюты
مكتب صرافة
чемодан
حقيبة
автомобиль
سيارة

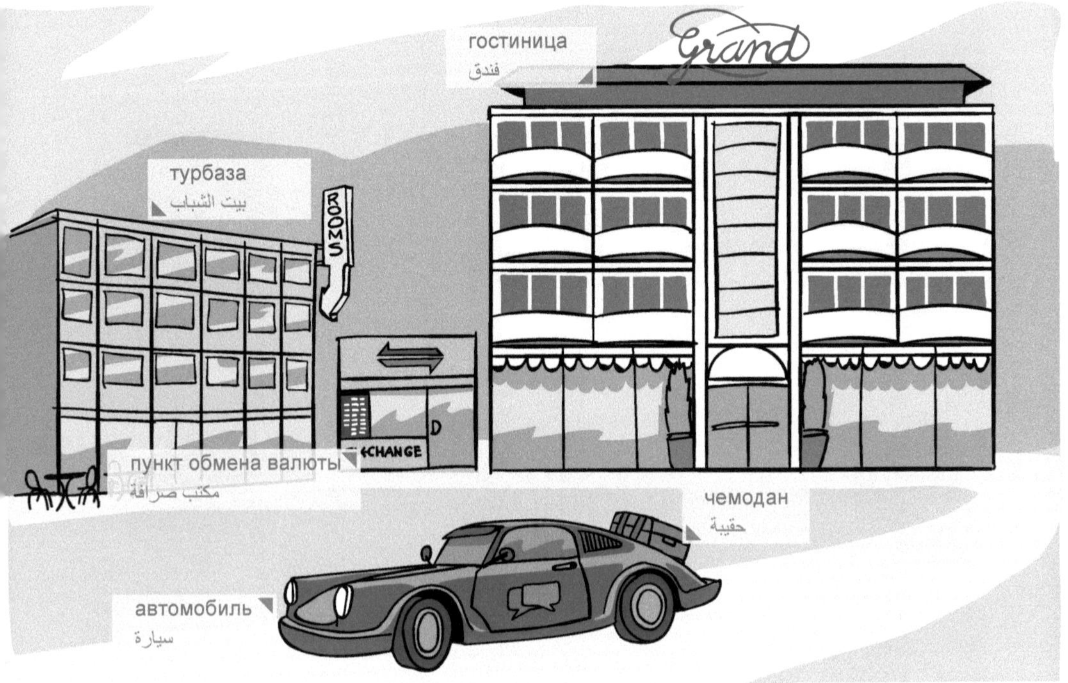

язык

اللغة

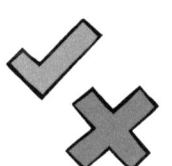

да / нет

نعم / لا

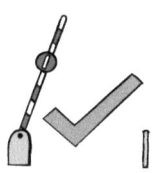

хорошо

حسناً

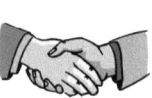

Привет

مرحباً

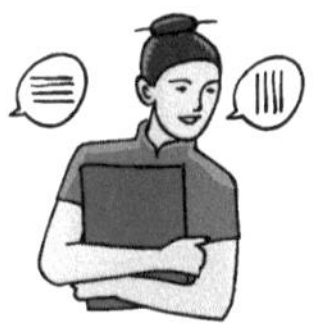

переводчик

مترجم

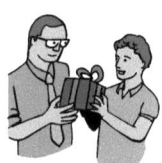

Спасибо

شكراً

Сколько стоит...?

كم ثمن ... ؟

Я не понимаю

لا أفهم

проблема

مشكلة

Добрый вечер!

مساء الخير

Доброе утро!

صباح الخير!

Доброй ночи!

ليلة سعيدة

До свидания

إلى اللقاء

направление

اتجاه

багаж

أمتعة السفر

сумка

حقيبة

рюкзак

حقيبة ظهر

гость

ضيف

комната

غرفة

спальный мешок

كيس للنوم

палатка

خيمة

туристическая
информация

استعلامات سياحية

пляж

شاطئ

кредитная карточка

بطاقة ائتمان

завтрак

إفطار

обед

طعام الغداء

ужин

العشاء

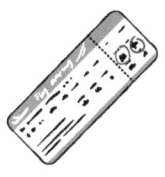

билет

بطاقة سفر

лифт

مصعد

почтовая марка

طابع بريدي

граница

حدود

таможня

الجمارك

посольство

سفارة

виза

تأشيرة

паспорт

جواز سفر

транспорт
نقل

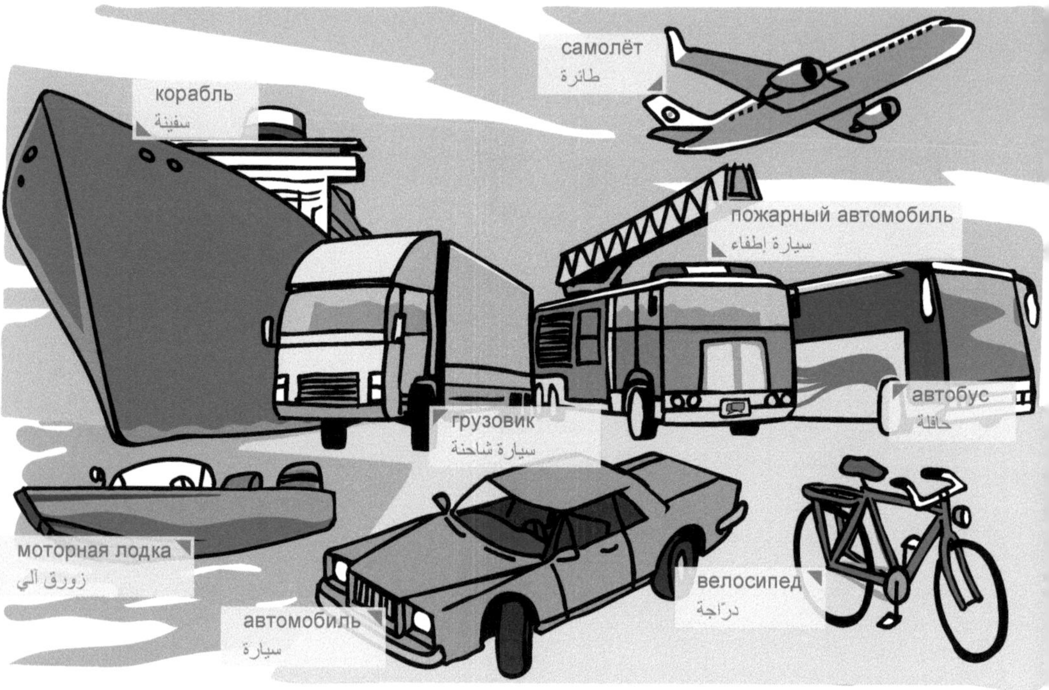
самолёт
طائرة
корабль
سفينة
пожарный автомобиль
سيارة إطفاء
автобус
حافلة
грузовик
سيارة شاحنة
моторная лодка
زورق آلي
велосипед
درّاجة
автомобиль
سيارة

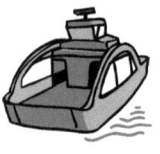

паром

عبارة

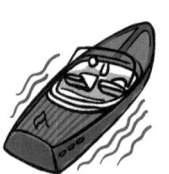

лодка

قارب

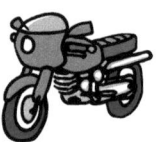

мотоцикл

دراجة نارية

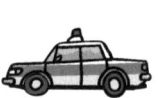

полицейский автомобиль

سيارة شرطة

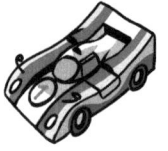

гоночный автомобиль

سيارة سباق

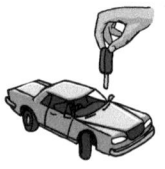

арендованный автомобиль

سيارة مستأجرة

совместное пользование
автомобилями

أسلوب تشاركي في استئجار السيارات

буксировочный
автомобиль

سيارة للجر

мусоровоз

سيارة نقل القمامة

двигатель

محرك

топливо

وقود

заправка

محطة وقود

дорожный знак

إشارة مرور

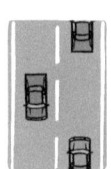

движение

حركة السير

пробка

ازدحام سير

автостоянка

موقف سيارات

вокзал

محطة قطار

рельсы

سكك حديدية

поезд

قطار

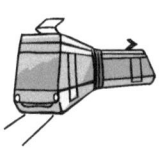

трамвай

ترام

вагон

عربة قطار

вертолёт

طائرة مروحية

аэропорт

مطار

вышка

برج

пассажир

مسافر

контейнер

حاوية

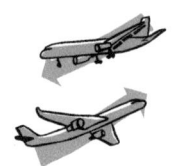

коробка

علبة كرتون

тележка

عربة يد

корзина

سلة

взлетать / приземляться

يقلع / يهبط

город

مدينة

деревня

قرية

центр города

مركز المدينة

дом

بيت

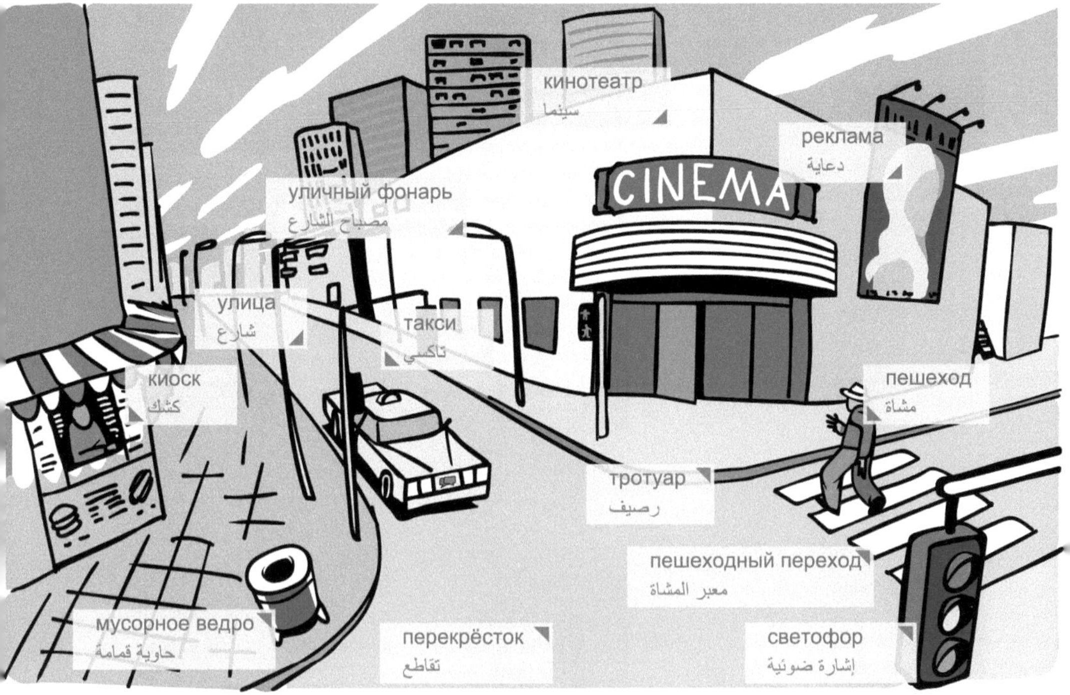

кинотеатр سينما

реклама دعاية

уличный фонарь مصباح الشارع

улица شارع

такси تاكسي

киоск كشك

CINEMA

пешеход مشاة

тротуар رصيف

пешеходный переход معبر المشاة

мусорное ведро حاوية قمامة

перекрёсток تقاطع

светофор إشارة ضوئية

хижина

كوخ

квартира

شقة

вокзал

محطة قطار

ратуша

دار البلدية

музей

متحف

школа

المدرسة

университет

الجامعة

банк

مصرف

больница

المستشفى

гостиница

فندق

аптека

صيدلية

офис

مكتب

книжный магазин

مكتبة

магазин

متجر

цветочный магазин

محل لبيع الزهور

супермаркет

سوبرماركت

рынок

سوق

универмаг

متجر كبير

торговец рыбой

تاجر السمك

торговый центр

مركز تسوّق

порт

ميناء

парк

حديقة عامة

скамейка

مقعد

мост

جسر

лестница

درج، سلم

метро

مترو

тоннель

نفق

автобусная остановка

موقف حافلات

бар

بار

ресторан

مطعم

почтовый ящик

صندوق البريد

табличка с названием улицы

لافتة باسم الشارع

паркометр

مقياس زمن الوقوف

зоопарк

حديقة حيوانات

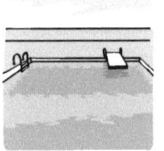

бассейн

مسبح

мечеть

مسجد

ферма

مزرعة

загрязнение окружающей среды

تلوث البيئة

кладбище

مقبرة

церковь

كنيسة

детская площадка

ملعب الأطفال

храм

معبد

ландшафт

طبيعة ريفية

лист
ورقة

дорожный указатель
علامة إرشاد

дорога
طريق

луг
مرج

камень
حجر

дерево
شجرة

путешественник
رحالة

река
نهر

трава
عشب

цветок
زهرة

долина

وادٍ

гора

جبل

озеро

بحيرة

лес

غابة

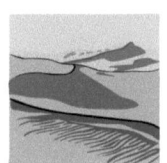

пустыня

صحراء

вулкан

بركان

замок

قلعة

радуга

قوس قزح

гриб

فطر

пальма

نخلة

комар

بعوض

муха

ذبّانة

муравей

نملة

пчела

نحلة

паук

عنكبوت

жук

خنفساء

лягушка

ضفدعة

белка

سنجاب

еж

قنفذ

заяц

أرنب

сова

بومة

птица

عصفور

лебедь

بجعة

кабан

خنزير برّي

олень

غزال

лось

إلكة

плотина

سد

ветряной генератор

دولاب الطاحونة الهوائية

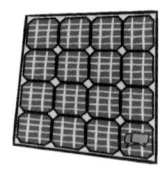

солнечная батарея

خلية شمسية

климат

مناخ

ресторан
مطعم

официант
نادل
меню
لائحة الطعام
стул
كرسي
суп
حساء
пицца
بيتزا
столовые приборы
أدوات المائدة
скатерть
غطاء المائدة

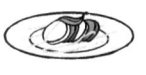

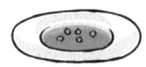

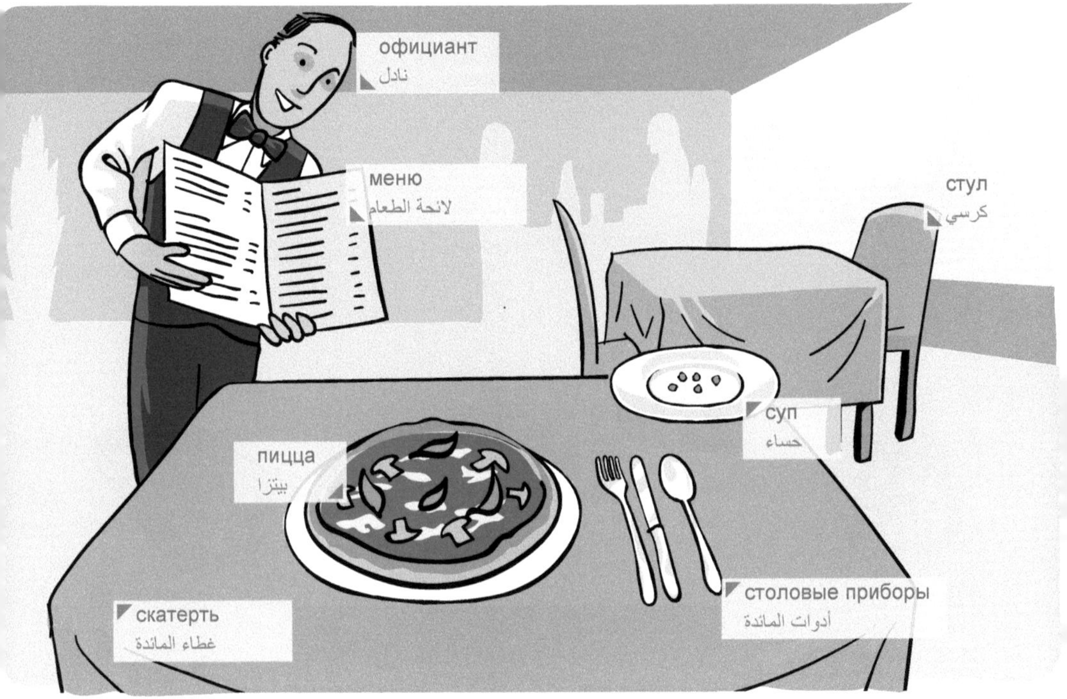

закуска

مقبلات

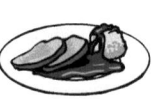

главное блюдо

الصحن الرئيسي

десерт

حلوى أو فاكهة بعد الطعام

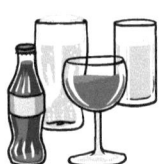

напитки

مشروبات

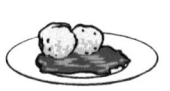

еда

طعام

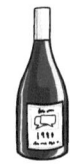

бутылка

زجاجة

фастфуд

وجبات سريعة

уличная еда

طعام الشارع

чайник

إبريق الشاي

сахарница

علبة السكر

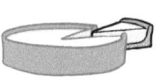

порция

حصّة

кофеварка

آلة الإسبريسو

детский стульчик

كرسي عالٍ

счет

فاتورة

поднос

صينية

нож

سكين

вилка

شوكة

ложка

ملعقة

чайная ложка

ملعقة الشاي

салфетка

منديل المائدة

стакан

كأس

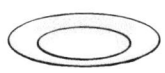

тарелка

صحن

суповая тарелка

صحن الحساء

блюдце

صحن الفنجان

соус

صلصة

солонка

مملحة

мельница для перца

مطحنة الفلفل

уксус

خلَّ

масло

زيت الطعام

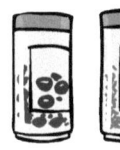

специи

توابل

кетчуп

كتشاب

горчица

خردل

майонез

مايونيز

супермаркет

سوبرماركت

специальное предложение
عرض خاص
FOR
покупатель
زبون
молочные продукты
مشتقات الحليب
фрукты
فواكه
тележка для покупок
عربة تسوّق

BUTCHERS

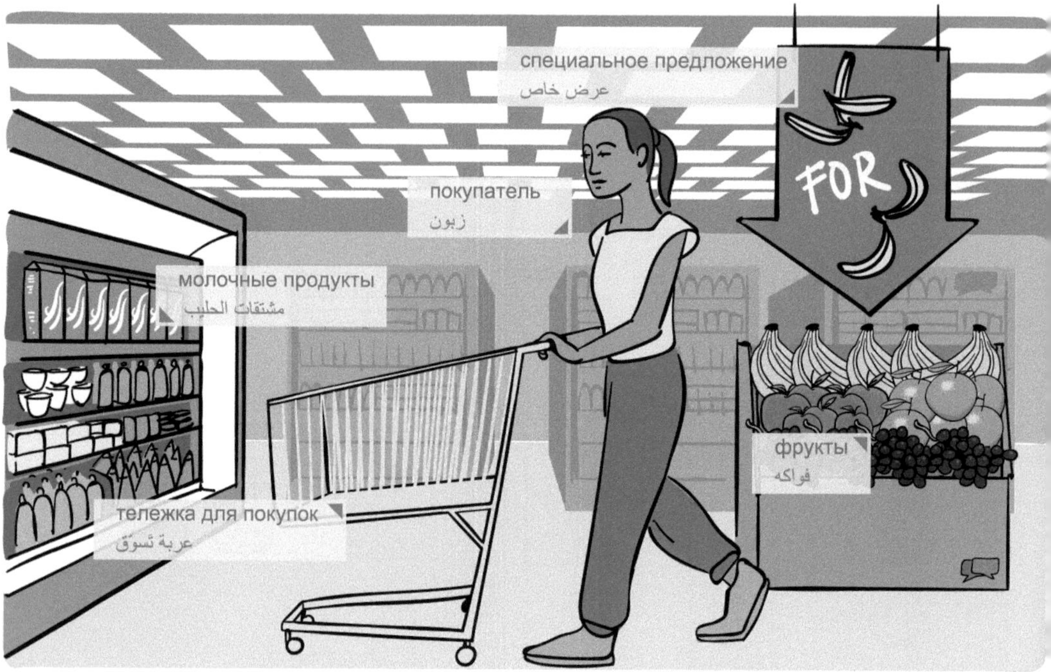

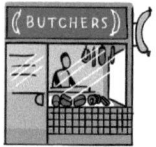

мясной магазин

جزّار

BAKERY

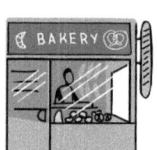

пекарня

مخبز

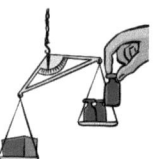

взвешивать

يزن

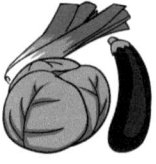

овощи

خضار

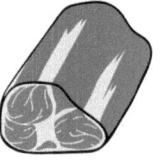

мясо

لحم

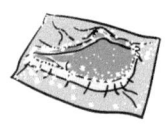

быстрозамороженные продукты

المأكولات المجمّدة

нарезка

مرتديلا أو جبن

консервы

معلبات

стиральный порошок

مسحوق الغسيل

сладости

حلويات

предмет домашнего обихода

المواد المنزلية

моющее средство

منظفات

продавщица

بائعة

касса

صندوق الحساب

кассир

أمين صندوق

список покупок

قائمة المشتريات

время работы

أوقات العمل

бумажник

محفظة النقود

кредитная карточка

بطاقة ائتمان

сумка

حقيبة

полиэтиленовый пакет

كيس بلاستيكي

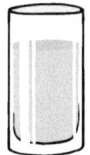

вода

ماء

сок

عصير

молоко

حليب

кока-кола

كولا

вино

نبيذ

пиво

بيرة

алкоголь

كحول

какао

كاكاو

чай

شاي

кофе

قهوة

эспрессо

قهوة إسبريسو

капучино

كابوتشينو

банан

موزة

яблоко

تفاح

апельсин

برتقال

арбуз

بطيخ

лимон

ليمون

морковь

جزرة

чеснок

ثوم

бамбук

خيزران

лук

بصل

гриб

فطر

орехи

لوزيات

лапша

شعيرية

спагетти

سباغيتي

рис

أرزّ

салат

سلطة

картофель фри

بطاطا مقلية

жареный картофель

بطاطا مقلية

пицца

بيتزا

гамбургер

هامبورغر

сэндвич

ساندويش

шницель

شريحة لحم مقلية

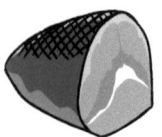

ветчина

لحم خنزير

салями

سلامي

колбаса

سجق

курица

دجاج

жаркое

لحم محمر

рыба

سمك

овсяные хлопья

دقيق الشوفان

мюсли

موسلي

кукурузные хлопья

كورن فلكس

мука

طحين

круассан

كرواسان

булочка

خبز صغير

хлеб

خبز

тост

خبز محمص

печенье

بسكويت

масло

زبدة

творог

لبن زبادي

пирог

كعكة

яйцо

بيضة

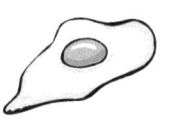

яичница

بيض مقلي

сыр

جبنة

мороженое

مثلجات

сахар

سكر

мёд

عسل

мармелад

مربى الفاكهة

крем с нугой

كريم النوغا

карри

الكاري

ферма

مزرعة

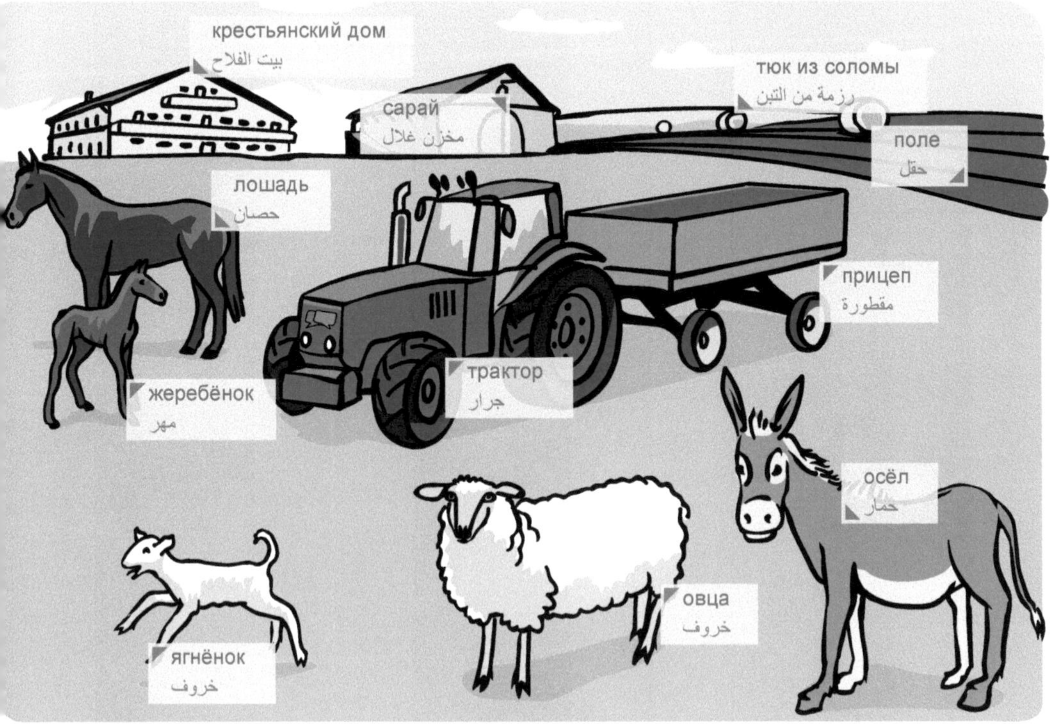

крестьянский дом
بيت الفلاح
сарай
مخزن غلال
тюк из соломы
رزمة من التبن
поле
حقل
лошадь
حصان
прицеп
مقطورة
трактор
جرار
жеребёнок
مهر
осёл
حمار
овца
خروف
ягнёнок
خروف

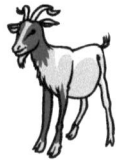

коза

ماعز

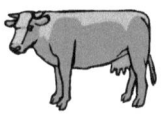

корова

بقرة

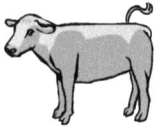

телёнок

عجل

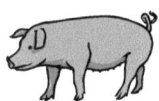

свинья

خنزير

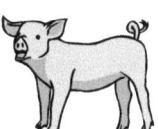

поросёнок

خنزير صغير

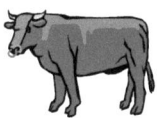

бык

ثور

гусь

إوزّة

утка

بطة

цыплёнок

صوص

курица

دجاجة

петух

ديك

крыса

جرذ

кошка

قطّة

мышь

فأر

вол

ثور

собака

كلب

конура

كوخ الكلب

садовый шланг

خرطوم الحديقة

лейка

إبريق

коса

منجل

плуг

المحراث

серп

منجل

мотыга

معزقة

навозные вилы

مذراة الزبل

топор

بلطة

тачка

عربة يد

корыто

معلف

бидон для молока

صفيحة الحليب

мешок

كيس

забор

سياج

хлев

اصطبل

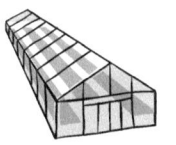

теплица

دفينة

почва

تربة

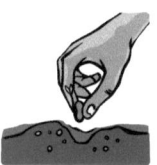

посев

بذور

удобрение

سماد

комбайн

حصادة دراسة

собирать урожай

يحصد

урожай

محصول

ямс

بطاطا يامس

пшеница

قمح

соя

صويا

картофель

بطاطا

кукуруза

ذرة

рапс

سلجم

фруктовое дерево

شجرة فاكهة

маниок

نبات منيهوت

злаки

الحبوب

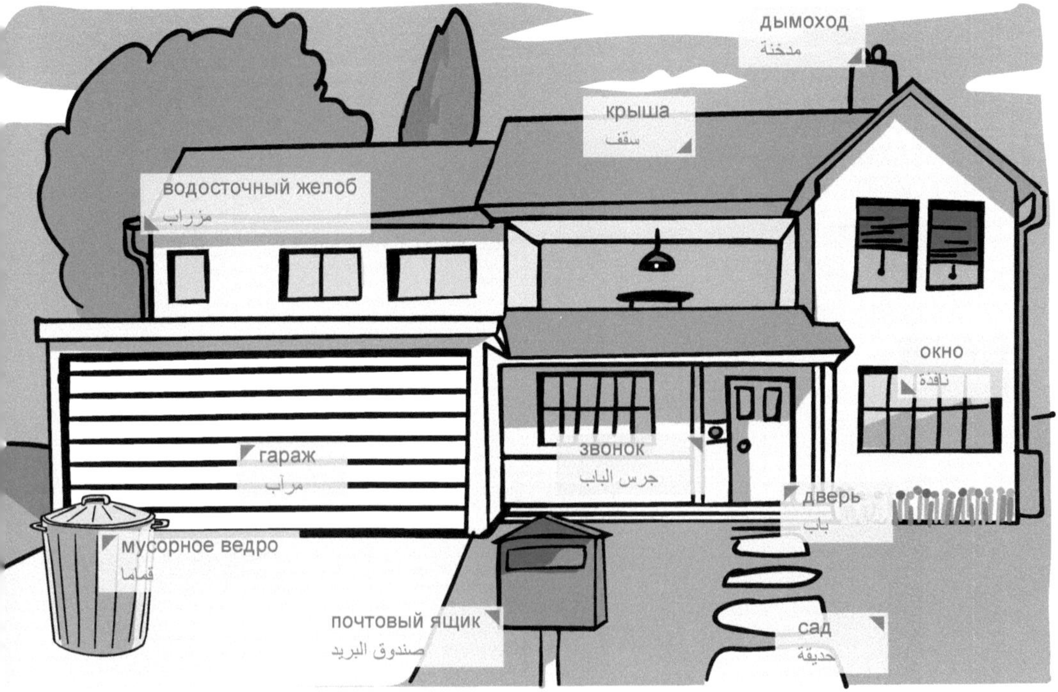

дымоход
مدخنة

крыша
سقف

водосточный желоб
مزراب

окно
نافذة

гараж
مرآب

звонок
جرس الباب

дверь
باب

мусорное ведро
قمامة

почтовый ящик
صندوق البريد

сад
حديقة

гостиная

غرفة جلوس

ванная комната

الحمّام

кухня

مطبخ

спальня

غرفة النوم

детская комната

غرفة الأطفال

столовая

غرفة الطعام

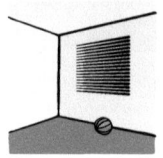

пол

أرضية

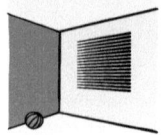

стена

حائط

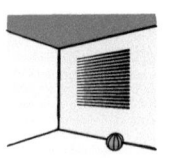

потолок

سقف

подвал

قبو

сауна

ساونا

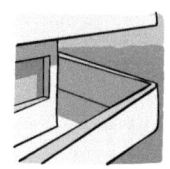

балкон

بلكون

терраса

شرفة

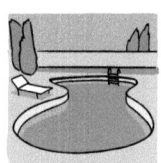

бассейн

مسبح

газонокосилка

جزّازة العُشب

пододеяльник

بياضات السرير

покрывало

بطانية

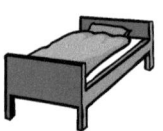

кровать

سرير

метла

مكنسة

ведро

سطل

выключатель

مفتاح كهربائي

гостиная
غرفة جلوس

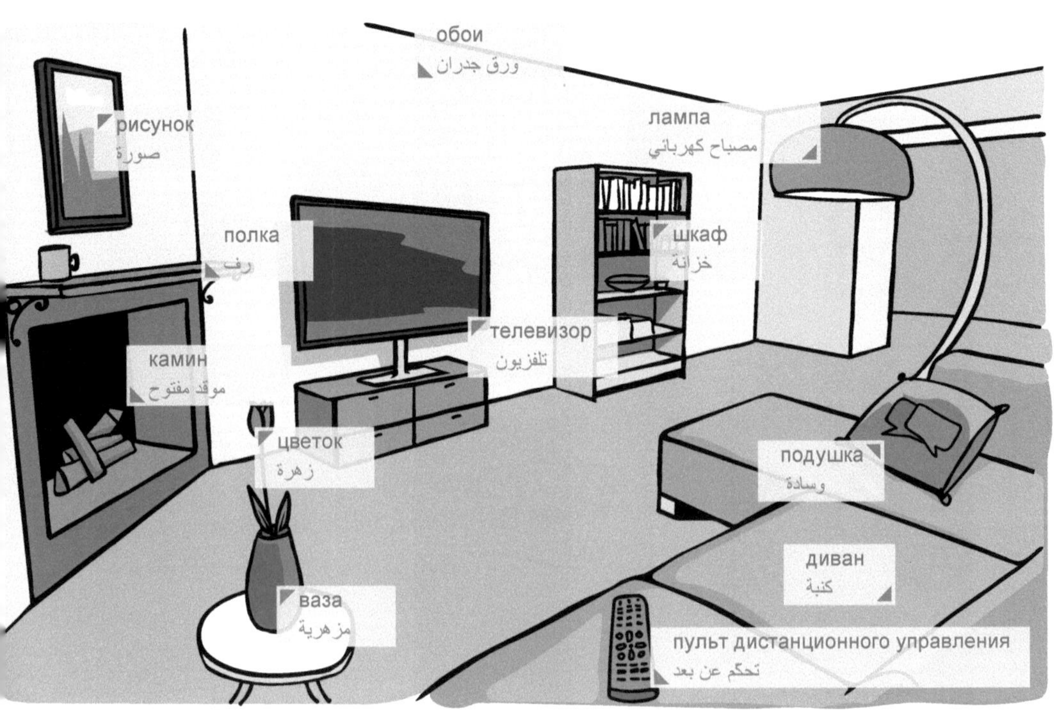
обои
ورق جدران
рисунок
صورة
лампа
مصباح كهربائي
полка
رف
шкаф
خزانة
телевизор
تلفزيون
камин
موقد مفتوح
цветок
زهرة
подушка
وسادة
диван
كنبة
ваза
مزهرية
пульт дистанционного управления
تحكم عن بعد

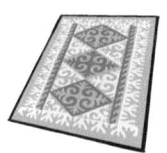

ковёр

بصاط

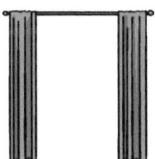

штора

ستارة

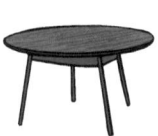

стол

طاولة

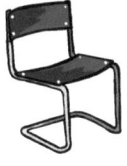

стул

كرسي

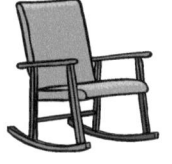

кресло-качалка

كرسي هزّاز

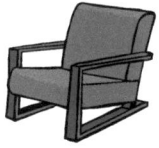

кресло

كرسي ذو ذراعين

книга

الكتاب

покрывало

بطانية

украшение

زخرفة

дрова

الحطب

фильм

فيلم

стереосистема

تجهيزات ستيريو

ключ

مفتاح

газета

جريدة

картина

لوحة مرسومة

плакат

مُلصق

радио

راديو

блокнот

دفتر ملاحظات

пылесос

المكنسة الكهربائية

кактус

صبّار

свеча

شمعة

кухня

مطبخ

холодильник
برّاد
микроволновая печь
ميكروويف
кухонные весы
ميزان المطبخ
тостер
محمصة الخبز
моющее средство
منظفات
духовка
فرن
морозилка
ثلاجة
мусорное ведро
قماما
посудомоечная машина
جَلاية

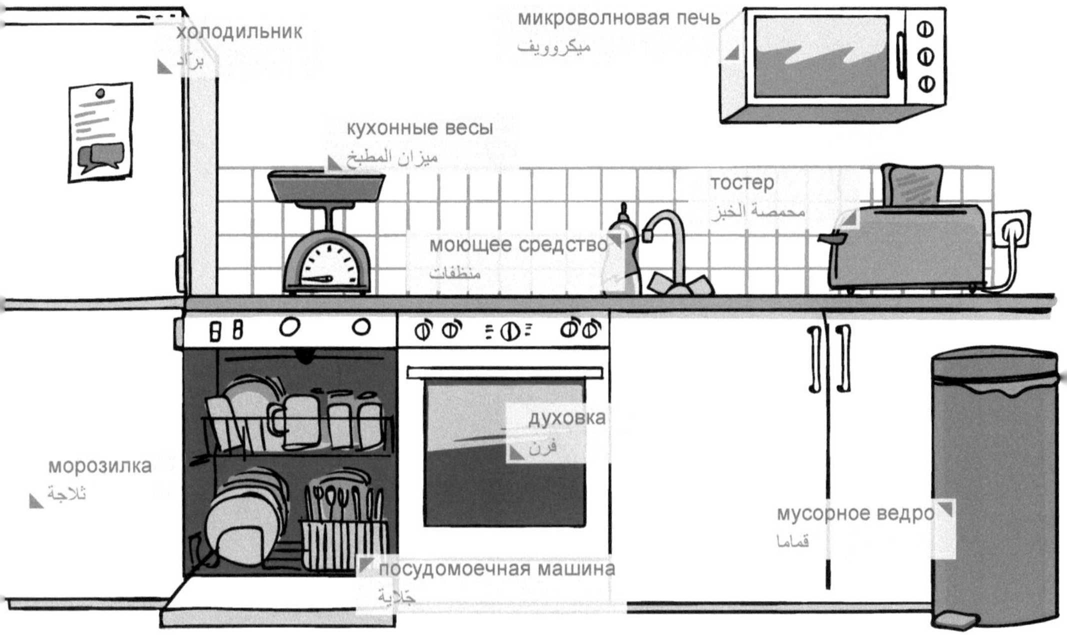

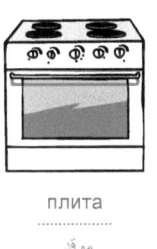

плита

موقد

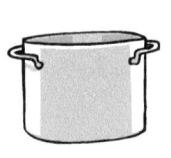

кастрюля

قِدر

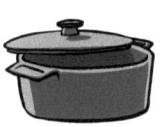

чугунный котелок

وعاء من الحديد

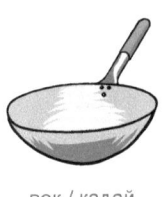

вок / кадай

قدر صيني

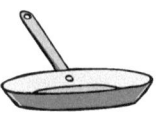

сковорода

مقلاة

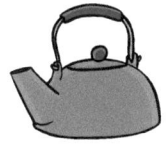

чайник

غلاية

пароварка

قدر البخار

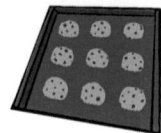

противень

صينية

посуда

أواني

кружка

فنجان

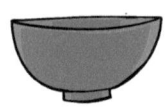

миска

صحن

палочки для еды

عيدان الأكل

половник

مغرفة

лопатка

ملعقة منبسطة

сбивалка

خفاقة

сито

مصفاة

сито

مصفاة

тёрка

مبشرة

ступка

هاون

гриль

شواء

костёр

موقد

доска

لوح التقطيع

скалка

نشّابة

штопор

مفتاح الزجاجات

жестяная банка

علبة

консервный нож

مفتاح العلب المعدنية

прихватка

قماش الفرن

раковина

مجلى

щетка

فرشاة

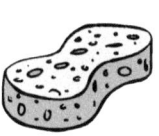

губка

إسفنج

миксер

خلاط

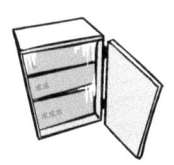

морозильная камера

مجمّدة

бутылочка для кормления

زجاجة الطفل

кран

صنبور الماء

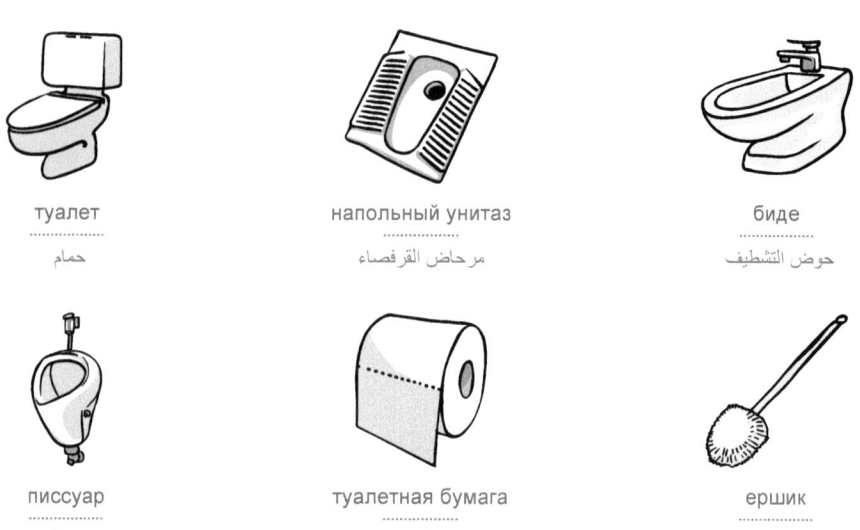

ванная комната

الحمّام

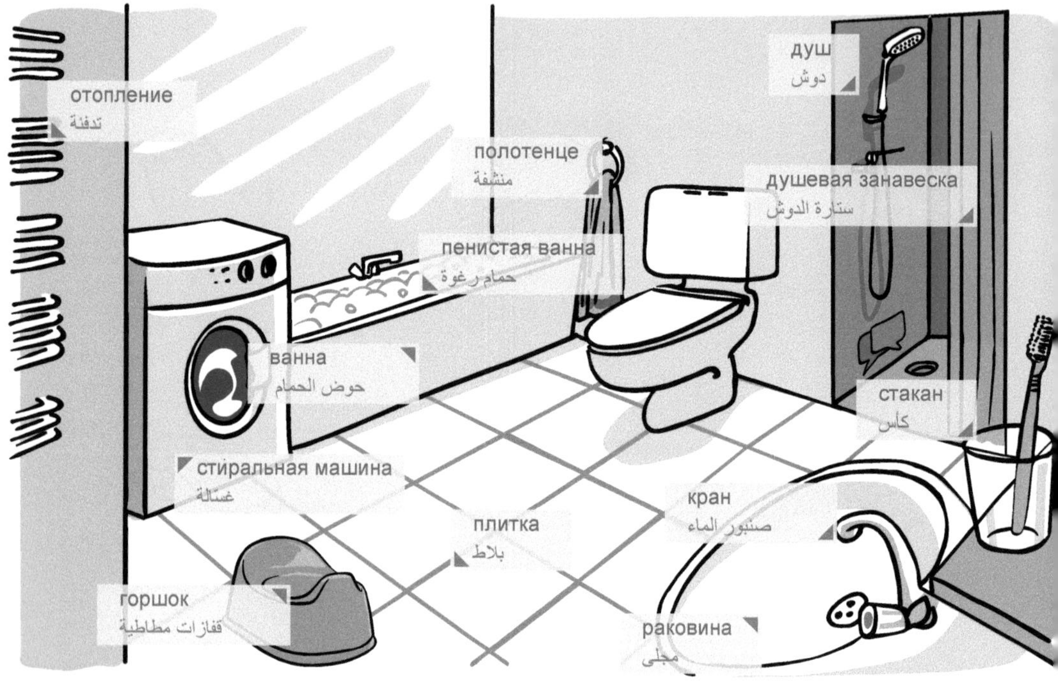

отопление
تدفئة
полотенце
منشفة
душ
دوش
душевая занавеска
ستارة الدوش
пенистая ванна
حمام رغوة
ванна
حوض الحمام
стакан
كأس
стиральная машина
غسالة
кран
صنبور الماء
плитка
بلاط
горшок
قفازات مطاطية
раковина
مجلى

туалет

حمام

напольный унитаз

مرحاض القرفصاء

биде

حوض التشطيف

писсуар

مبولة

туалетная бумага

ورق المرحاض

ершик

فرشاة الحمام

зубная щетка

فرشاة الأسنان

зубная паста

معجون الأسنان

зубная нить

خيط حرير لتنظيف الأسنان

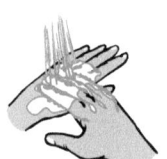

мыть

يغسل

ручной душ

رشاش ماء يدوي

интимный душ

شطاف

таз

حوض الغسيل

щетка для спины

فرشاة الظهر

мыло

صابون

гель для душа

جيل الدوش

шампунь

شامبو

мочалка

ممسحة

сток

مصرف للماء

крем

مرهم

дезодорант

مزيل الروائح

зеркало

مرآة

ручное зеркало

مرآة يد

бритва

موس حلاقة

пена для бритья

رغوة الحلاقة

лосьон после бритья

كولونيا

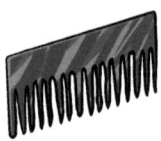

расческа

مشط

щетка

فرشاة

фен

سشوار

лак для волос

مثبت للشعر

косметика

ماكياج

губная помада

روج

лак для ногтей

طلاء أظافر

вата

قطن

маникюрные ножницы

مقص أظافر

духи

عطر

косметичка

سلة الغسيل

табуретка

مقعد صغير

весы

ميزان

халат

معطف الحمام

резиновые перчатки

قفازات مطاطية

тампон

سدادة قطنية

гигиеническая прокладка

منشفة صحية

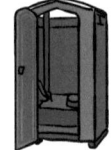

биотуалет

تواليت كيميائية

детская комната
غرفة الأطفال

будильник
منبّه
мягкая игрушка
الحيوانات المحنطة
игрушечный автомобиль
سيارة لعبة
погремушка
خشخشة
кукольный домик
بيت الدمى
подарок
هدية

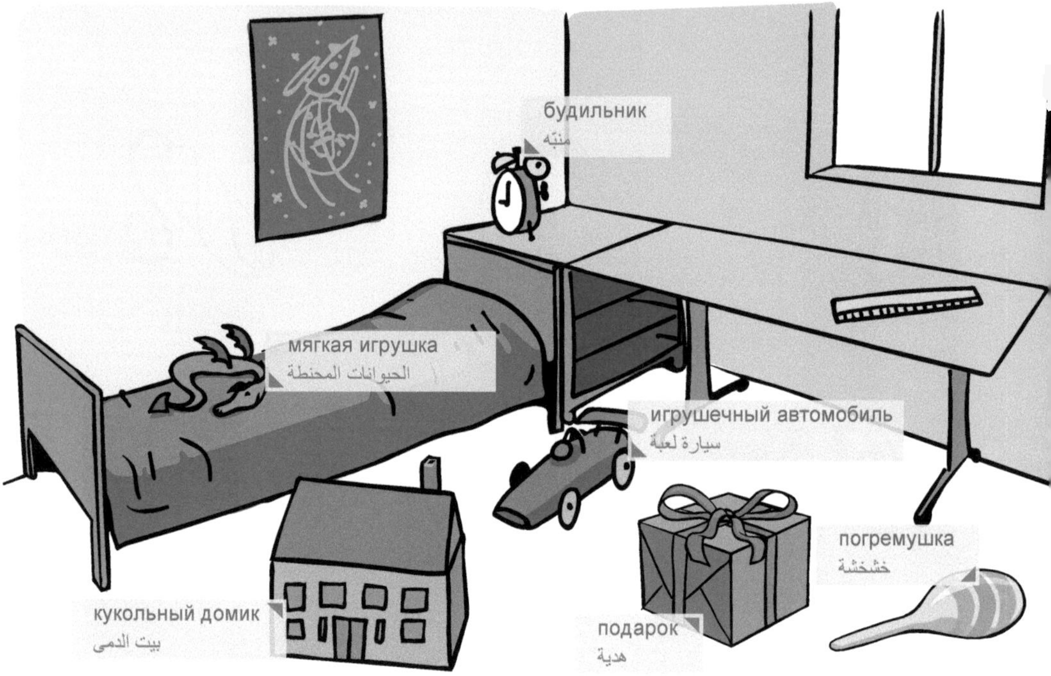

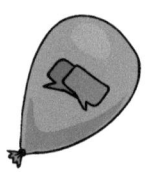

воздушный шар
....
بالون

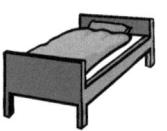

кровать
....
سرير

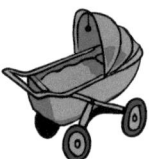

детская коляска
....
عربة الأطفال

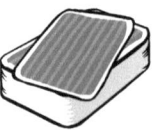

карточная игра
....
لعبة الورق

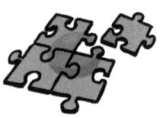

пазл
....
أحجية

комикс
....
رسوم هزلية

кирпичики Лего

أحجار الليغو

кубики

حجارة تركيب

игрушечная фигурка

دمية بطل

ползунки

لباس الطفل

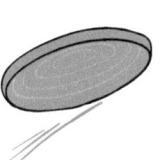

фрисби

فريسبي

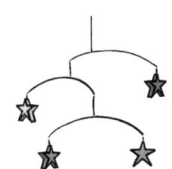

мобиле

دمية معلقة

настольная игра

لعبة الطاولة

кубик

لعبة النرد

модель железной дороги

لعبة قطار

соска

مصاصة

вечеринка

حفلة

книга с картинками

كتاب مصوّر

мяч

كرة

кукла

دمية

играть

يلعب

детская комната - غرفة الأطفال 43

песочница

ملعب رملي للأطفال

качели

أرجوحة

игрушка

لعبة

игровая приставка

ألعاب فيديو

трёхколесный велосипед

دراجة ثلاثية

плюшевый медвежонок

دمية على شكل الدب

шкаф для одежды

خزانة الثياب

одежда

ثياب

носки

جوارب قصيرة

чулки

جوارب طويلة

колготки

جورب بنطلون

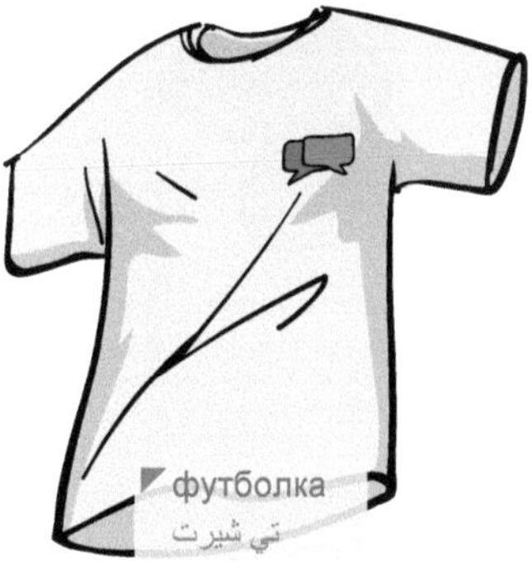

шарф
شال

ремень
حزام

зонтик
شمسية

футболка
تي شيرت

кроссовки
أحذية رياضية

сапоги
حذاء شتوي

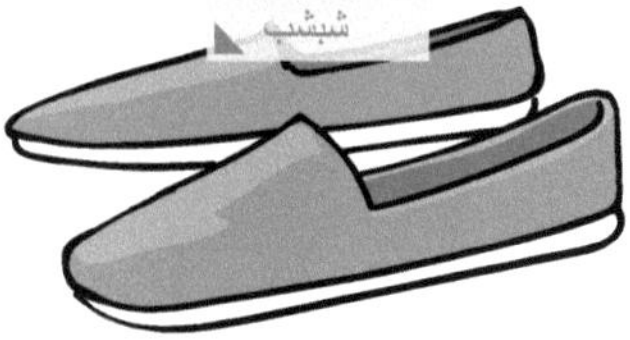

тапки
شبشب

сандалии
صندل

ботинки
حذاء

резиновые сапоги
جزمة كاوتشوك

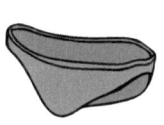

трусы
سروال داخلي

бюстгальтер
صدّارة

майка
قميص داخلي

боди

لباس ملاصق للجسم

брюки

بنطلون

джинсы

جينز

юбка

تنورة

блузка

بلوزة

рубашка

قميص

свитер

سترة قطنية

свитер

كنزة كم طويل

спортивная куртка

سترة فضفاضة

жакет

سترة

пальто

معطف

плащ

معطف مطري

костюм

زي - طقم نسائي

платье

ثوب

свадебное платье

ثوب الزفاف

одежда - ثياب

мужской костюм

طقم

ночная сорочка

قميص نوم

пижама

بيجاما

сари

ساري

платок

حجاب

тюрбан

عمامة

паранджа

برقع

кафтан

قفطان

абайя

عباءة

купальник

مايوه

плавки

سروال سباحة

шорты

شورت

спортивный костюм

بدلة رياضية

фартук

مئزر

перчатки

قفازات

одежда - ثياب

47

пуговица

زر

очки

نظّارة

браслет

إسوارة

цепочка

عقد

кольцо

خاتم

серьга

قرط

шапка

طاقيّة

вешалка

علاقة ثياب

шляпа

قبّعة

галстук

ربطة العنق

застежка молния

سحّاب

шлем

خوذة

подтяжки

حمّالة البنطلون

школьная форма

اللباس المدرسي

форма

زي موحّد

детский нагрудник

مريلة الأطفال

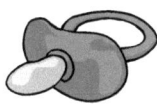

соска

مصّاصة

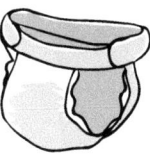

подгузник

لفافة

офис

مكتب

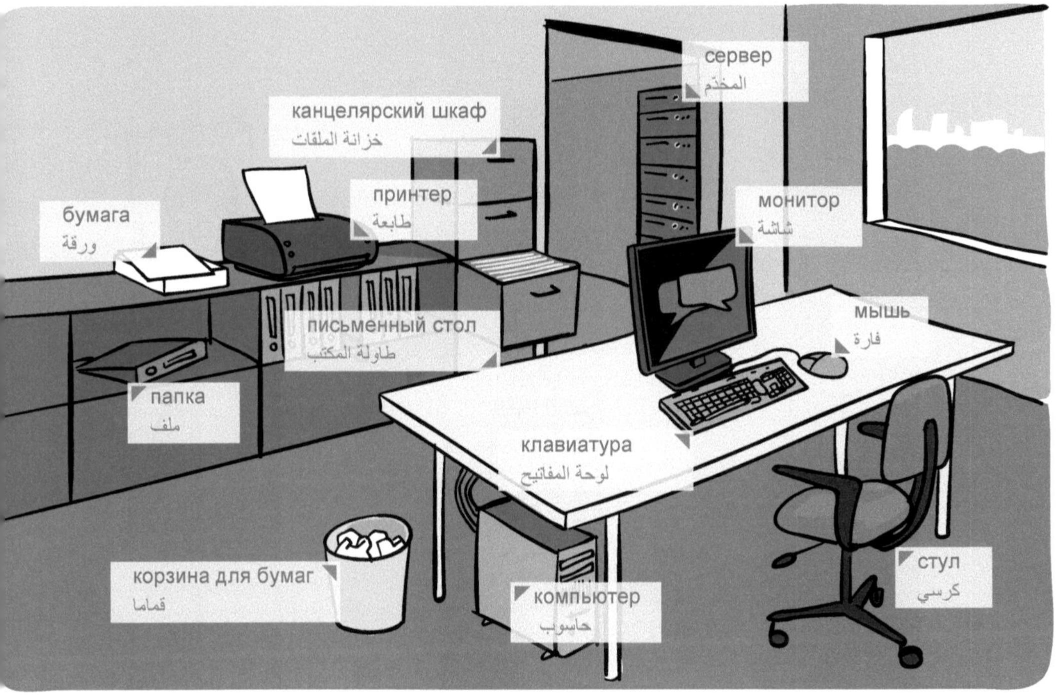

сервер
المخدم

канцелярский шкаф
خزانة الملفات

принтер
طابعة

бумага
ورقة

монитор
شاشة

письменный стол
طاولة المكتب

мышь
فأرة

папка
ملف

клавиатура
لوحة المفاتيح

корзина для бумаг
قماما

стул
كرسي

компьютер
حاسوب

кофейная кружка

كأس من القهوة

калькулятор

الآلة الحاسبية

интернет

الإنترنت

ноутбук

الحاسوب المحمول

письмо

رسالة

сообщение

خبر

мобильный телефон

الهاتف المحمول

сеть

شبكة

ксерокс

جهاز تصوير

программа

البرمجيات

телефон

هاتف

розетка

مقبس كهرباني

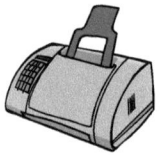

факс

فاكس

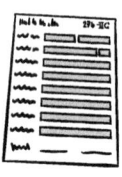

формуляр

استمارة

документ

وثيقة

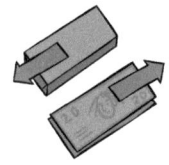

покупать

يشتري

платить

يدفع

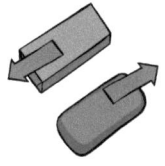

торговать

يتاجر

деньги

مال

доллар

دولار

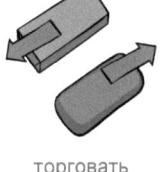

евро

يورو

иена

ين

рубль

روبل

франк

فرنك سويسري

жэньминьби юань

يوان

рупия

روبية

банкомат

صرّاف آلي

пункт обмена валюты

مكتب صرافة

золото

ذهب

серебро

فضة

нефть

نفط

энергия

طاقة

цена

سعر

договор

عقد

налог

ضريبة

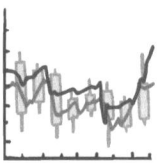

акция

سهم

работать

يعمل

служащий

موظف

работодатель

رب العمل

фабрика

مصنع

магазин

متجر

профессии

المِهَن

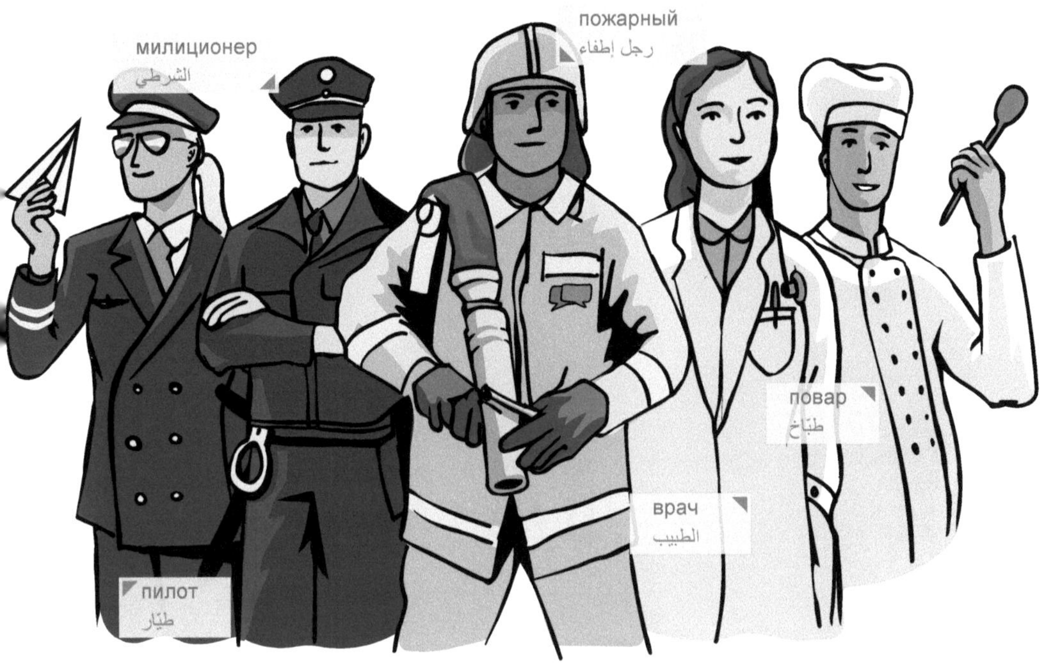

пожарный
رجل إطفاء
милиционер
الشرطي
повар
طبّاخ
врач
الطبيب
пилот
طيّار

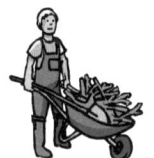

садовник

بستاني

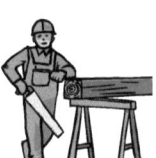

столяр

نجّار

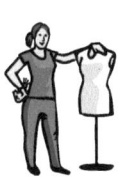

швея

خيّاطة

судья

قاض

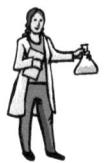

химик

كيميائي

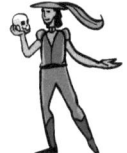

актёр

ممثّل

водитель автобуса

سائق حافلة

таксист

سائق تاكسي

рыбак

صياد سمك

уборщица

أجيرة للتنظيف

кровельщик

بنّاء سقف

официант

نادل

охотник

صيّاد

художник

رسّام

пекарь

خبّاز

электрик

كهربائي

строитель

عامل بناء

инженер

مهندس

мясник

لحّام

сантехник

سمكري

почтальон

ساعي البريد

солдат

جندي

архитектор

مهندس معماري

кассир

أمين صندوق

флорист

بائع الزهور

парикмахер

حلاق

кондуктор

مراقب القطار

механик

ميكانيكي

капитан

قبطان

зубной врач

طبيب أسنان

ученый

رجل العلم

раввин

حاخام

имам

إمام

монах

راهب

священник

كاهن

инструменты
عدة عمل

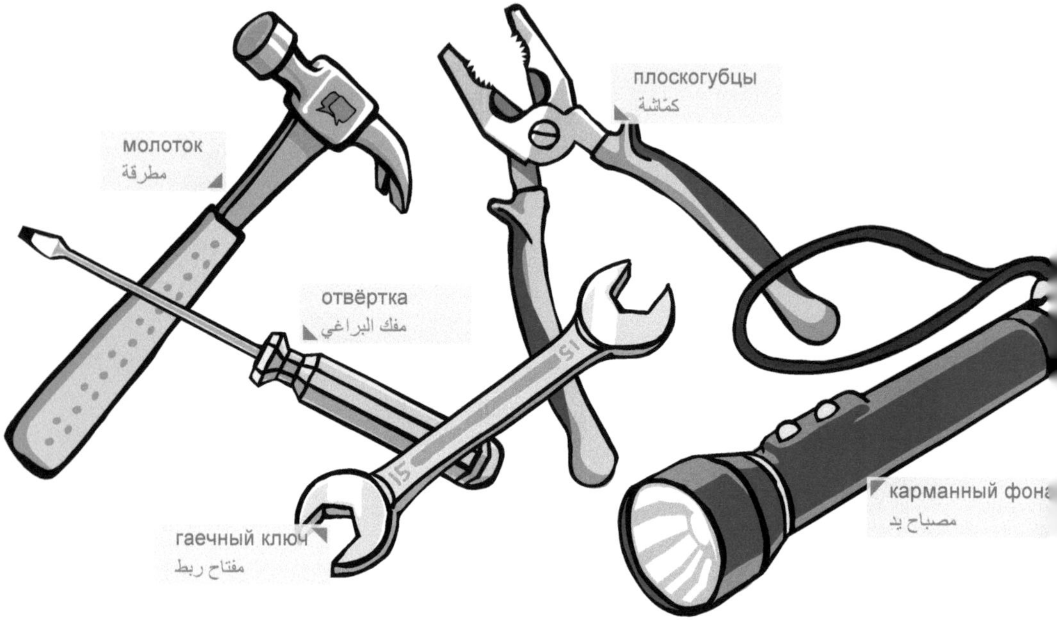
плоскогубцы
كماشة
молоток
مطرقة
отвёртка
مفك البراغي
карманный фона
مصباح يد
гаечный ключ
مفتاح ربط

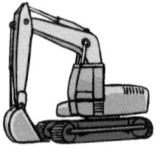

экскаватор

جرافة

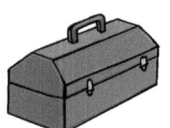

ящик для инструментов

صندوق العدة

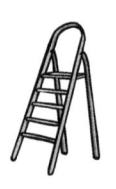

стремянка

سلّم

пила

منشار

гвозди

مسامير

дрель

مثقب

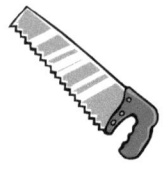

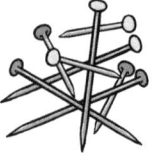

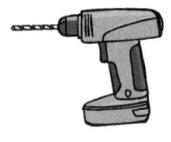

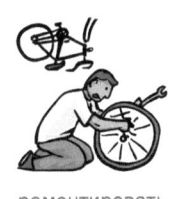

ремонтировать

يصلح

лопата

مجرفة

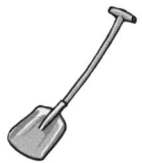

Блин!

اللعنة

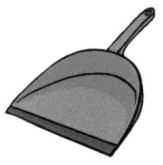

совок

لقاطة الكناسة

ведро с краской

سطل الألوان

винты

براغي

музыкальные инструменты

آلات موسيقية

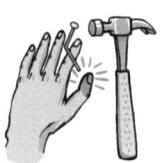

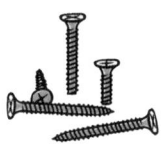

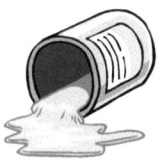

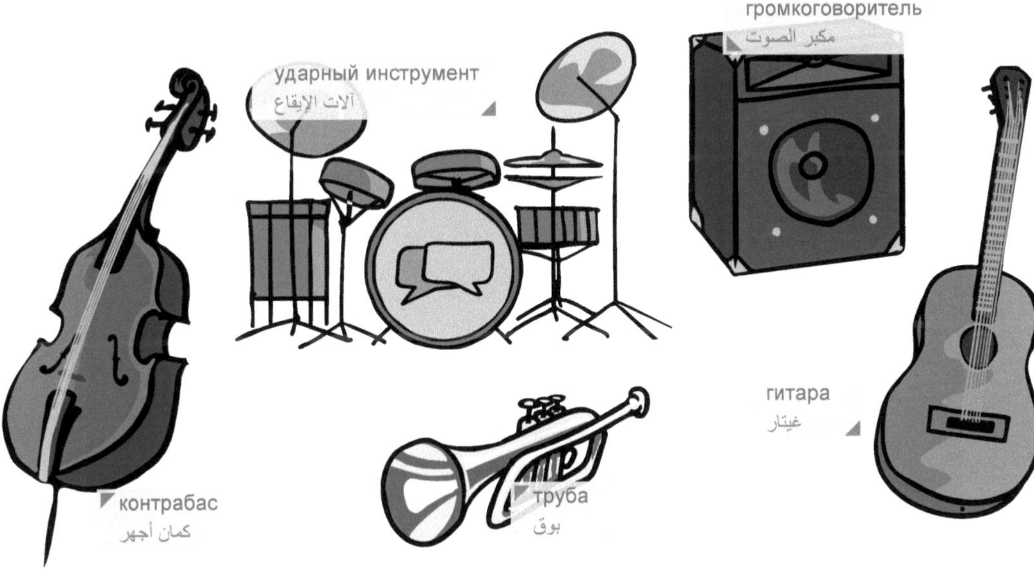
громкоговоритель
مكبر الصوت
ударный инструмент
آلات الإيقاع
гитара
غيتار
контрабас
كمان أجهر
труба
بوق

пианино

بيانو

скрипка

كمنجة

бас-гитара

جهير

литавры

طبل كبير

барабан

طبل

синтезатор

بيانو كهرباني

саксофон

ساكسوفون

флейта

ناي

микрофон

ميكروفون

зоопарк

حديقة حيوانات

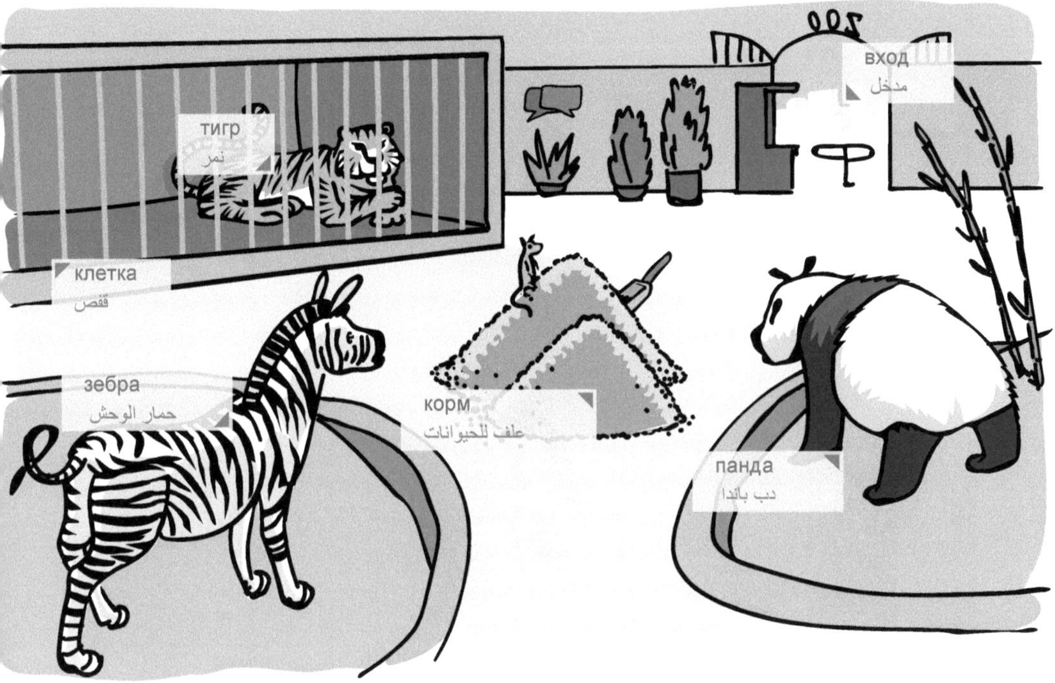
вход
مدخل
тигр
نمر
клетка
قفص
зебра
حمار الوحش
корм
علف للحيوانات
панда
دب باندا

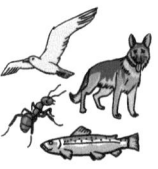

животные

حيوانات

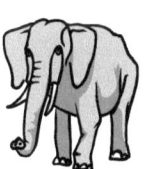

слон

فيل

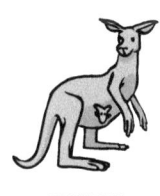

кенгуру

كنغر

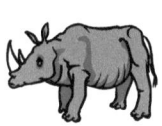

носорог

وحيد القرن

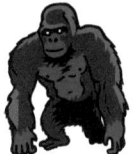

горилла

غوريلا

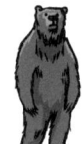

медведь

دب

верблюд

جمل

страус

نعامة

лев

أسد

обезьяна

قرد

фламинго

طائر فلامينغو

попугай

ببغاء

белый медведь

دب قطبي

пингвин

بطريق

акула

سمك القرش

павлин

طاووس

змея

أفعى

крокодил

تمساح

служитель зоопарка

حارس في حديقة الحيوان

тюлень

عجل البحر

ягуар

نمر أمريكي مرقط

пони

فرس قزم

леопард

نمر

бегемот

فرس النهر

жираф

زرافة

орёл

نسر

кабан

خنزير برّي

рыба

سمك

черепаха

سلحفاة

морж

حيوان فظ البحري

лиса

ثعلب

газель

غزال

американский футбол
كرة القدم الأمريكية

езда на велосипеде
ركوب الدراجات

теннис
كرة التنس

баскетбол
كرة السلة

плавание
السباحة

бокс
الملاكمة

хоккей
هوكي الجليد

футбол
كرة القدم

бадминтон
الريشة الطائرة

лёгкая атлетика
ألعاب القوى الخفيفة

гандбол
كرة اليد

лыжный спорт
التزلج على الثلج

поло
بولو

действия

نشاطات

прыгать
يقفز
обнимать
يعانق
смеяться
يضحك
идти
يمشي
петь
يغنّي
мечтать
يحلم
молиться
يصلّي
целовать
يقبل

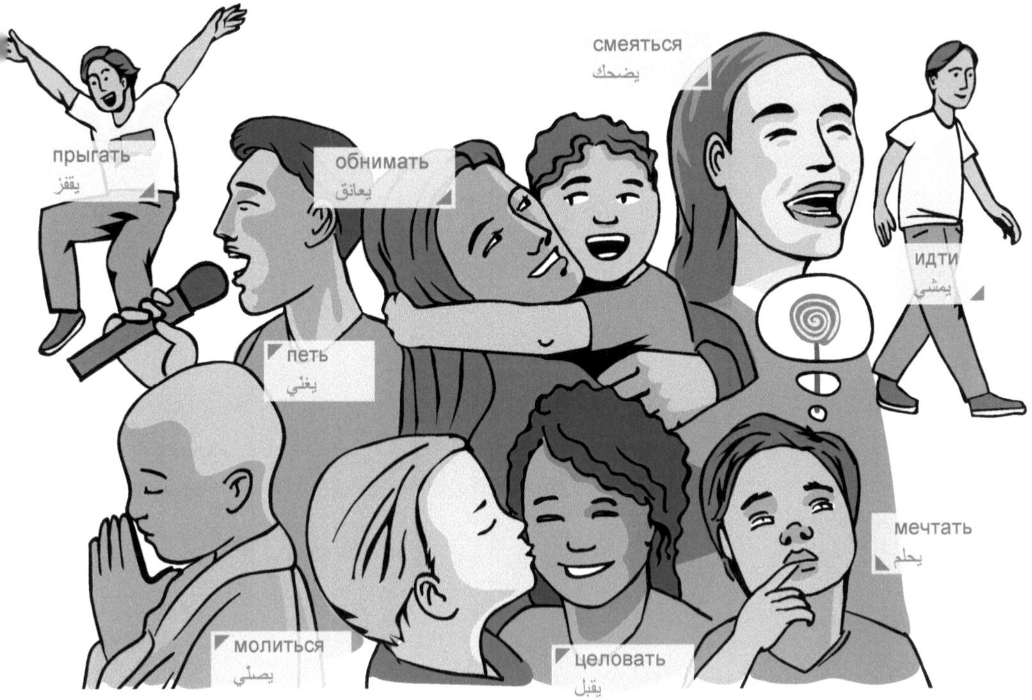

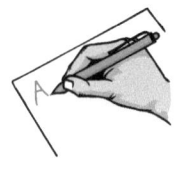

писать

يكتب

рисовать

يرسم

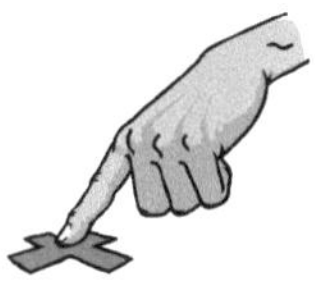

показывать

يُري

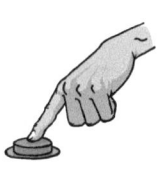

нажимать

يدفع

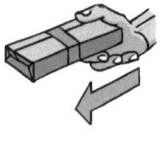

давать

يعطي

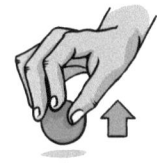

брать

يأخذ

иметь

يملك

делать

يعمل

быть

يوجد

стоять

يقِف

бежать

يركض

тянуть

يسحب

бросать

يرمي

падать

يقَع

лежать

يستلقي

ждать

ينتظر

носить

يحمل

сидеть

يجلس

надевать

يلبس

спать

ينام

просыпаться

يستيقظ

рассматривать

ينظر إلى ..

плакать

يبكي

гладить

يمسّد

причесывать

يمشّط

говорить

يتكلم

понимать

يفهم

спрашивать

يسأل

слушать

يسمع

пить

يشرب

кушать

ياكل

наводить порядок

يرتب

любить

يحب

готовить

يطبخ

ехать

يقود

летать

يطير

ходить под парусом

يبحر بزورق شراعي

считать

يحسب

читать

يقرأ

учиться

يتعلم

работать

يعمل

вступать в брак

يتزوج

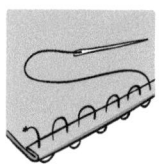

шить

يخيط

чистить зубы

ينظف أسنانه

убивать

يقتل

курить

يدخّن

отправлять

يرسل

семья

عائلة

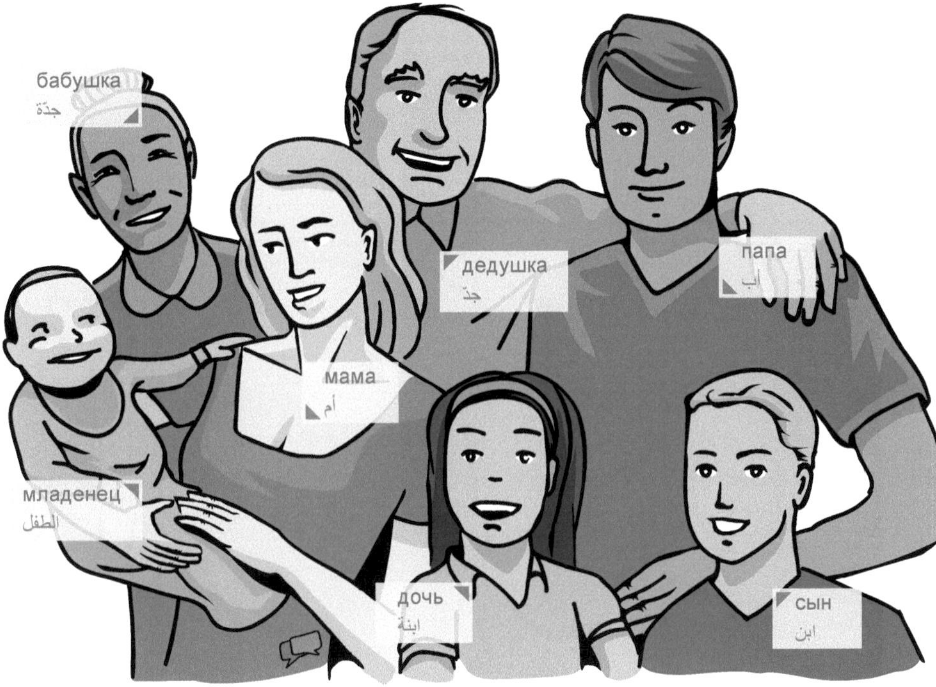

бабушка
جدّة
дедушка
جدّ
папа
أب
мама
أم
младенец
الطفل
дочь
ابنة
сын
ابن

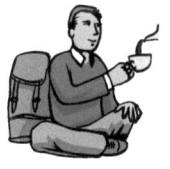

гость
ضيف

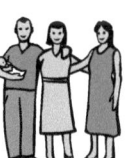

тетя
عمّة / خالة

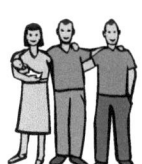

дядя
عمّ / خال

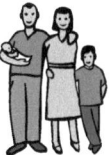

брат
أخ

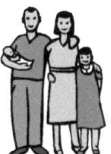

сестра
أخت

тело

الجسم

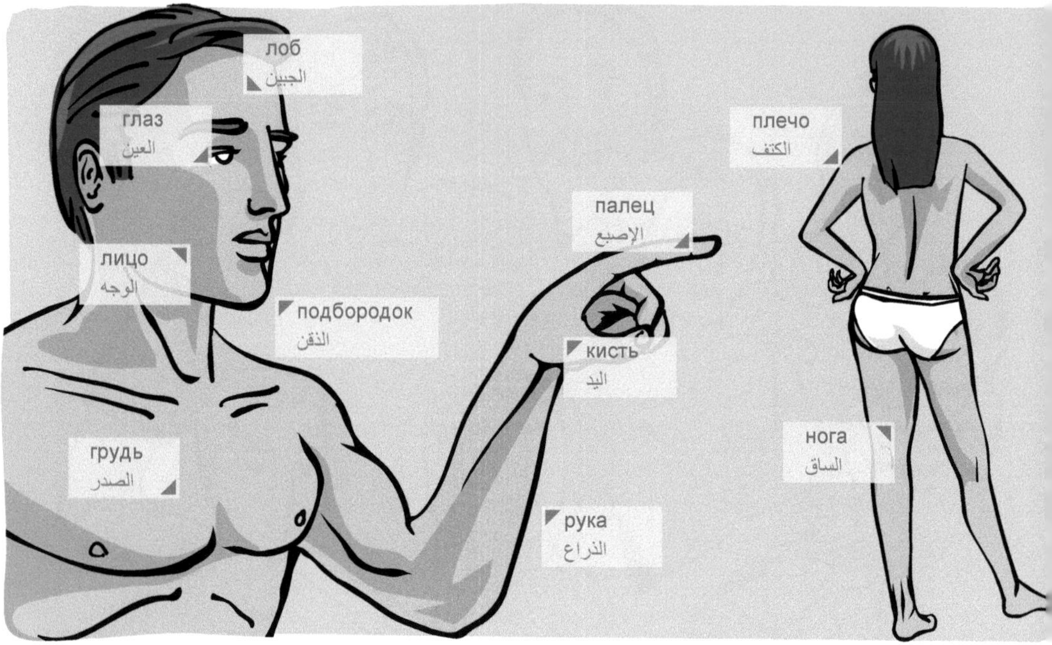
лоб
الجبين
глаз
العين
плечо
الكتف
палец
الإصبع
лицо
الوجه
подбородок
الذقن
кисть
اليد
нога
الساق
грудь
الصدر
рука
الذراع

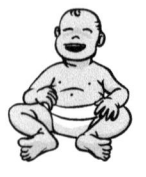

младенец

الطفل

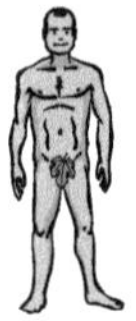

мужчина

الرجل

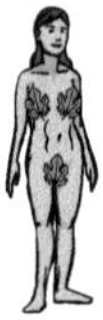

женщина

المرأة

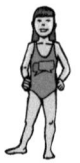

девочка

البنت

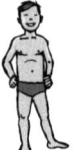

мальчик

الولد

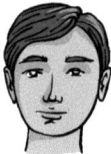

голова

الرأس

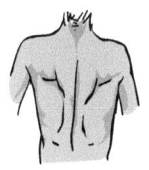

спина

الظهر

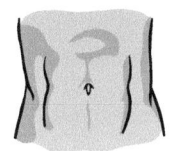

живот

البطن

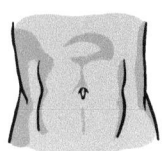

пупок

السرّة

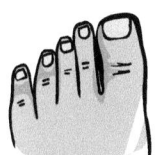

палец ноги

إصبع القدم

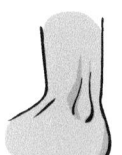

пятка

الكعب

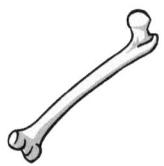

кость

العظم

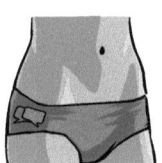

бедро

الورك

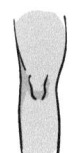

колено

الركبة

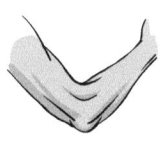

локоть

المرفق

нос

الأنف

ягодицы

العَجُز

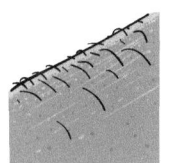

кожа

البشرة

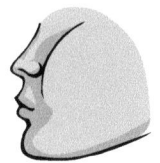

щека

الخد

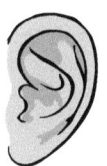

ухо

الأذن

губа

الشفة

рот

الفم

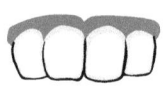

зуб

السن

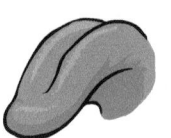

язык

اللسان

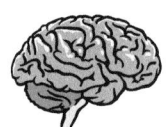

мозг

الدماغ

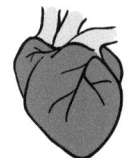

сердце

القلب

мышца

العضلة

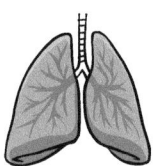

лёгкое

الرئة

печень

الكبد

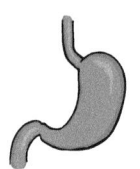

желудок

المعدة

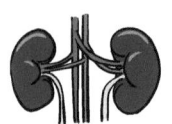

почки

الكلى

половой акт

الاتصال الجنسي

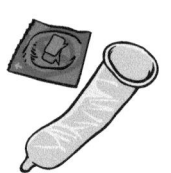

презерватив

الواقي المطاطي

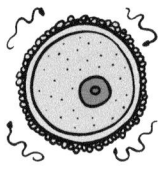

яйцеклетка

البويضة

сперма

المنيّ

беременность

الحمل

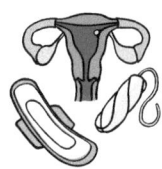

менструация

الحيض

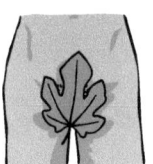

вагина

المهبل

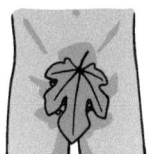

пенис

القضيب

бровь

الحاجب

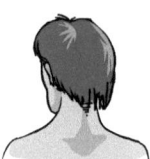

волосы

الشعر

шея

الرقبة

больница

المستشفى

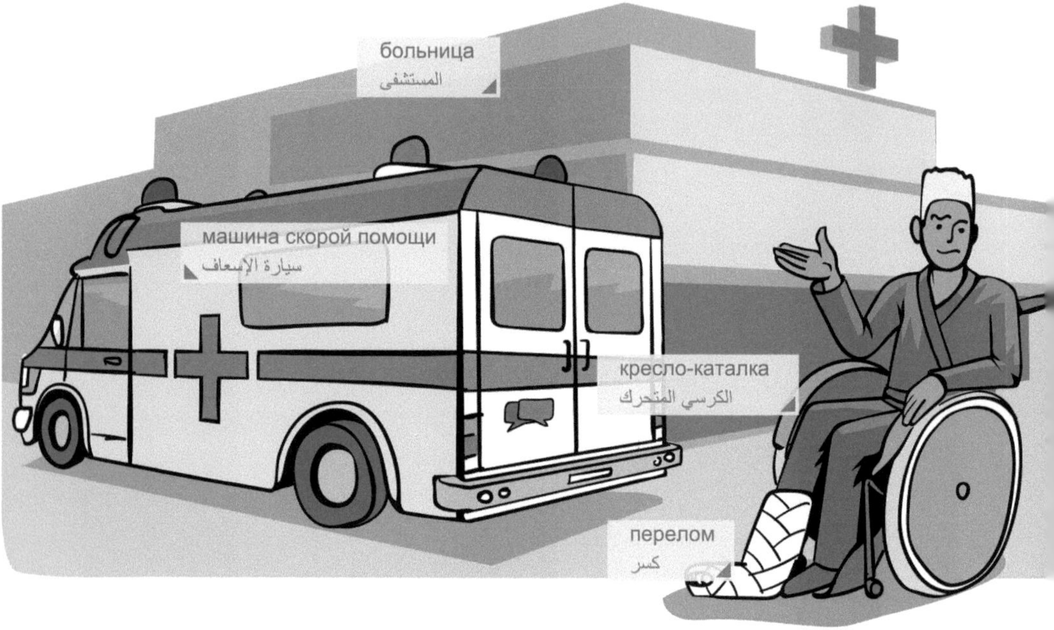

больница
المستشفى
машина скорой помощи
سيارة الإسعاف
кресло-каталка
الكرسي المتحرك
перелом
كسر

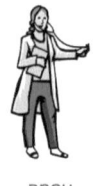

врач

الطبيب

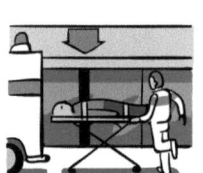

пункт первой помощи

غرفة الإسعاف

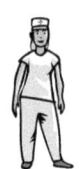

медсестра

الممرضة

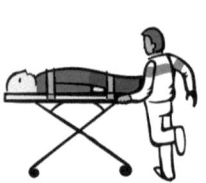

неотложный случай

حالة

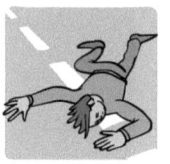

без сознания

مغمى عليه

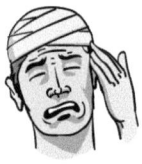

боль

الألم

повреждение

إصابة

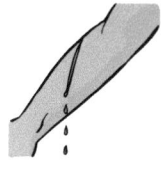

кровотечение

النزيف

инфаркт

احتشاء القلب

инсульт

جلطة

аллергия

حسسية

кашель

السعال

повышенная температура

الحُمَّى

грипп

إنفلونزا

понос

الإسهال

головная боль

وجع الرأس

рак

السرطان

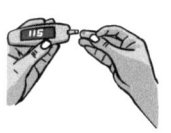

диабет

مرض السكر

хирург

جرّاح

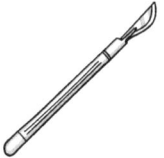

скальпель

مبضع

операция

عملية

КТ

سيتي سكان

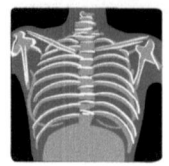

рентген

الأشعة السينية

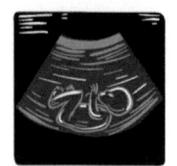

ультразвук

فوق الصوتي

маска

القناع

болезнь

المرض

приёмная

غرفة الانتظار

костыль

العُكّاز

пластырь

شريط لاصق

бинт

ضماد

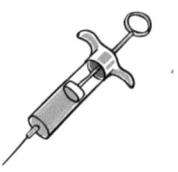

укол

حقنة

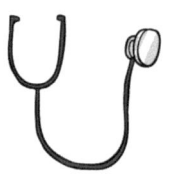

стетоскоп

سمّاعة الطبيب

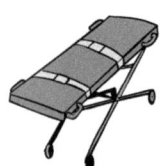

носилки

نقالة

термометр

ميزان حرارة

рождение

ولادة

избыточный вес

وزن زائد

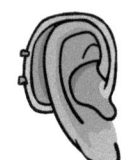

слуховой аппарат

جهاز السمع

дезинфекционное средство

المواد المعقمة

инфекция

عدوى

вирус

فيروس

ВИЧ / СПИД

الإيدز

лекарство

الطب

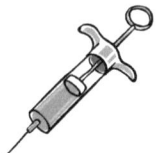

прививка

اللقاح

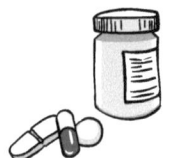

таблетки

أقراص الدواء

противозачаточная таблетка

حبّة الدواء

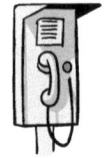

экстренный вызов

نداء النجدة

прибор для измерения кровяного давления

مقياس ضغط الدم

больной / здоровый

مريض / صحيح

Помогите!

النجدة!

сигнал тревоги

إنذار

нападение

اعتداء

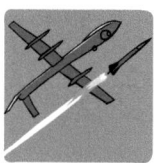

атака

هجوم

опасность

خطر

запасной выход

مخرج طوارئ

Пожар!

حريق!

огнетушитель

جهاز الإطفاء

несчастный случай

حادث

аптечка

حقيبة الإسعاف الأولي

SOS

أنقذونا

милиция

الشرطة

Европа

أوروبا

Северная Америка

أمريكا الشمالية

Южная Америка

أمريكا الجنوبية

Африка

أفريقيا

Азия

آسيا

Австралия

أستراليا

Атлантический океан

المحيط الأطلسي

Тихий океан

المحيط الهادي

Индийский океан

المحيط الهندي

Антарктический океан

المحيط المتجمد الجنوبي

Северный Ледовитый океан

المحيط المتجمد الشمالي

Северный полюс

القطب الشمالي

Южный полюс

القطب الجنوبي

Антарктика

منطقة القطب الجنوبي

земля

أرض

суша

بر

море

بحر

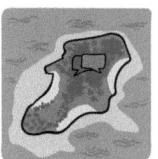

остров

جزيرة

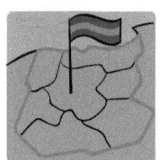

нация

أمة

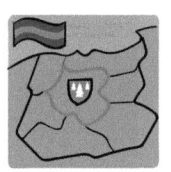

государство

دولة

циферблат

ميناء الساعة

часовая стрелка

عقرب الساعات

минутная стрелка

عقرب الدقائق

секундная стрелка

عقرب الثواني

Который час?

كم الساعة الآن؟

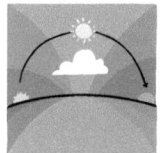

день

يوم

время

زمن

сейчас

الآن

электронные часы

ساعة رقمية

минута

دقيقة

час

ساعة

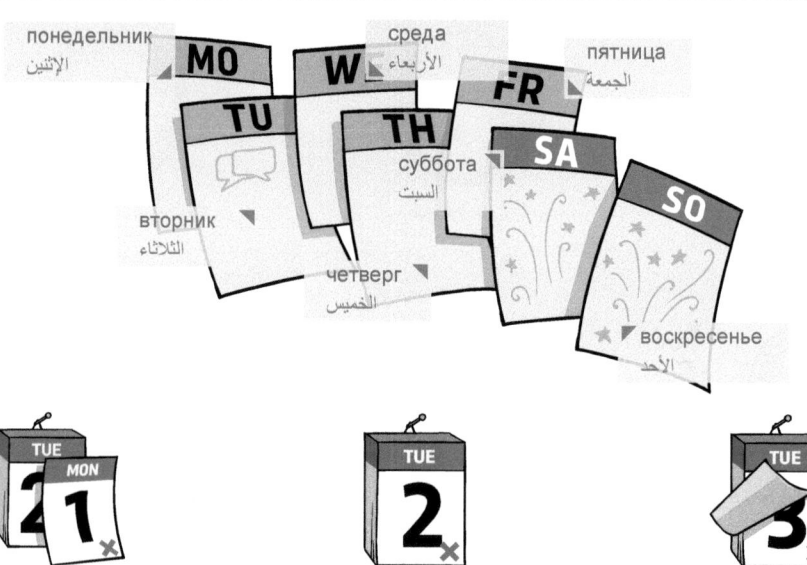

понедельник
الإثنين

среда
الأربعاء

пятница
الجمعة

вторник
الثلاثاء

суббота
السبت

четверг
الخميس

воскресенье
الأحد

вчера
الأمس

сегодня
اليوم

завтра
غداً

утро
الصباح

полдень
الظهر

вечер
المساء

рабочие дни
أيام العمل

выходные
نهاية الأسبوع

год
سنة

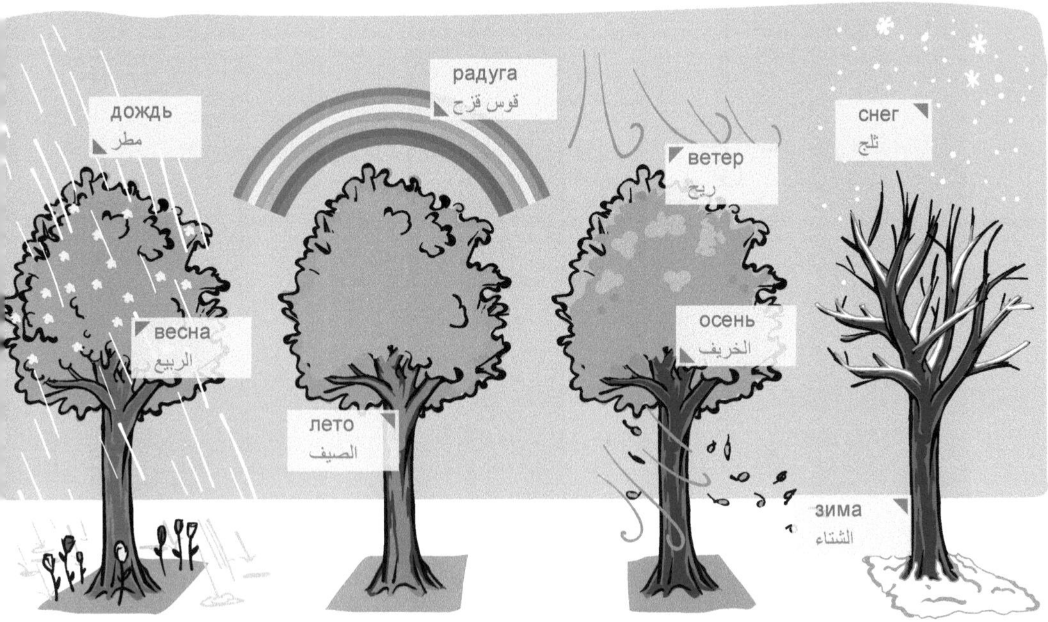
дождь
مطر
радуга
قوس قزح
ветер
ريح
снег
ثلج
весна
الربيع
лето
الصيف
осень
الخريف
зима
الشتاء

4.APRIL 11°
5.APRIL 4°
6.APRIL 13°
7.APRIL 8°
8.APRIL 10°

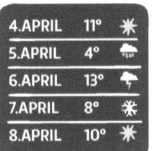

прогноз погоды

التنبؤ بالحالة الجوية

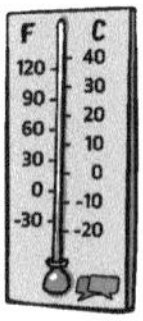
F
C
120
90
60
30
0
-30
40
30
20
10
0
-10
-20

термометр

مقياس حرارة

солнечный свет

ضوء الشمس

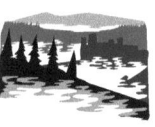

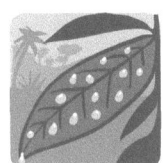

туча

سحابة

туман

ضباب

влажность воздуха

رطوبة الجو

молния

برق

гром

رعد

буря

عاصفة

град

بَرَد

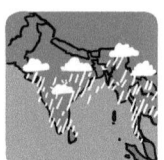

муссон

ريح موسمية

наводнение

طوفان

лёд

جليد

январь

كانون الثاني / يناير

февраль

شباط / فبراير

март

آذار / مارس

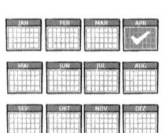

апрель

نيسان / أبريل

май

أيار / مايو

июнь

حزيران / يونيو

июль

تموز / يوليو

август

آب / أغسطس

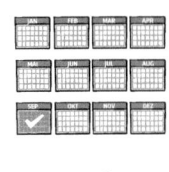

сентябрь
....
أيلول / سبتمبر

октябрь
....
تشرين الأول / أكتوبر

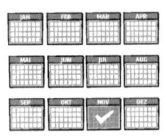

ноябрь
....
تشرين الثاني / نوفمبر

декабрь
....
كانون الأول / ديسمبر

формы
أشكال

круг
....
دائرة

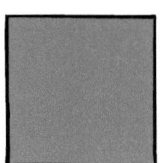

квадрат
....
مربع

прямоугольник
....
مستطيل

треугольник
....
مثلث

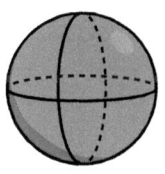

шар
....
كرة

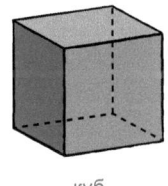

куб
....
مكعب

белый

أبيض

желтый

أصفر

оранжевый

برتقالي

розовый

وردي

красный

أحمر

лиловый

بنفسجي

синий

أزرق

зелёный

أخضر

коричневый

بني

серый

رمادي

черный

أسود

много / мало

كثير / قليل

яростный / мирный

غضبان / هادئ

красивый / уродливый

جميل / قبيح

начало / конец

بداية / نهاية

большой / маленький

كبير / صغير

светлый / темный

فاتح / قاتم

брат / сестра

أخ / أخت

чистый / грязный

نظيف / وسخ

полный / неполный

كامل / ناقص

день / ночь

نهار / ليل

мёртвый / живой

ميت / حيّ

широкий / узкий

عريض / ضيّق

съедобный / несъедобный

صالح للأكل / غير صالح

злой / дружелюбный

شرّير / لطيف

взволнованный / скучающий

مثير / ممل

толстый / худой

سمين / نحيف

сначала / в конце

أولا / أخيرًا

друг / враг

صديق / عدو

полный / пустой

مليء / فارغ

твёрдый / мягкий

صلب / ليّن

тяжёлый / легкий

ثقيل / خفيف

голод / жажда

جوع / عطش

больной / здоровый

مريض / صحيح

незаконный / законный

غير شرعي / شرعي

умный / глупый

ذكي / غبي

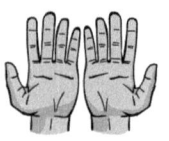

слева / справа

يسار / يمين

близко / далеко

قريب / بعيد

новый / подержанный

جديد / مستعمل

ничто / нечто

لا شيء / بعض الشيء

старый / молодой

مسن / شاب

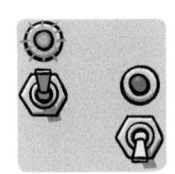

включено / выключено

يشغل / يطفئ

открыто / закрыто

مفتوح / مغلق

тихо / громко

خافت / عال

богатый / бедный

غني / فقير

правильный /
неправильный

صح / خطأ

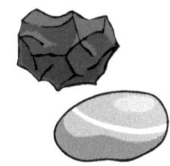

шероховатый / гладкий

أحرش / أملس

печальный / счастливый

حزين / سعيد

короткий / длинный

قصير / طويل

медленный / быстрый

بطيء / سريع

мокрый / сухой

مبلول / جاف

тёплый / прохладный

ساخن / بارد

война / мир

حرب / سلم

0	**1**	**2**
ноль	один	два
صفر	واحد	اثنان

3	**4**	**5**
три	четыре	пять
ثلاثة	أربعة	خمسة

6	**7**	**8**
шесть	семь	восемь
ستة	سبعة	ثمانية

9	**10**	**11**
девять	десять	одиннадцать
تسعة	عشرة	أحد عشر

12

двенадцать

اثنا عشر

13

тринадцать

ثلاثة عشر

14

четырнадцать

أربعة عشر

15

пятнадцать

خمسة عشر

16

шестнадцать

ستة عشر

17

семнадцать

سبعة عشر

18

восемнадцать

ثمانية عشر

19

девятнадцать

تسعة عشر

20

двадцать

عشرون

100

сто

مائة

1.000

тысяча

ألف

1.000.000

миллион

مليون

английский

الإنكليزية

американский английский

الإنكليزية الأمريكية

мандаринский китайский

لغة ماندارين الصينية

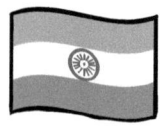

хинди

الهندية

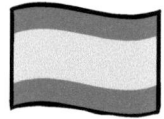

испанский

الإسبانية

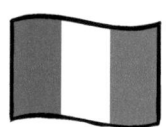

французский

الفرنسية

арабский

العربية

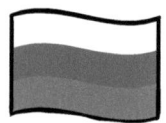

русский

الروسية

португальский

البرتغالية

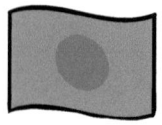

бенгальский

البنغالية

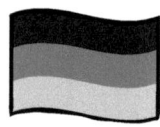

немецкий

الألمانية

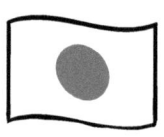

японский

اليابانية

я

أنا

ты

أنت

он / она / оно

هو / هي

мы

نحن

вы

أنتم

они

هم

кто?

من؟

что?

ماذا؟

как?

كيف؟

где?

أين؟

когда?

متى؟

имя

اسم

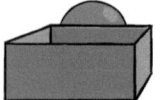

за

خلف

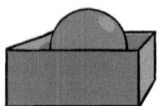

в

في

перед

أمام

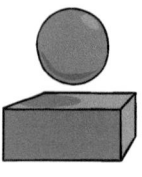

над

فوق

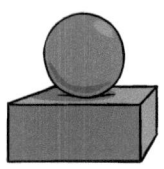

на

على

под

تحت

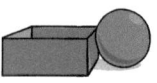

рядом

جنب

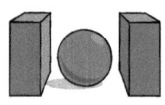

между

بين

место

مكان